学生励志名人馆

名家名流

用行动感动世界

主编◎付久宸

图书在版编目（CIP）数据

名家名流：用行动感动世界/付久宸编著．--长春：东北
师范大学出版社，2019.1（2021.6重印）

（学生励志名人馆）

ISBN 978-7-5681-5029-3

Ⅰ.①名... Ⅱ.①付... Ⅲ.①名人-生平事迹-世 界-
青少年读物 Ⅳ.①K811-49

中国版本图书馆CIP数据核字（2018）第228063号

□ 责任编辑：陈　丹　　□ 封面设计：蔚蓝风行　睿珩文化
□ 责任校对：张婷婷　　□ 责任印制：张允豪

东北师范大学出版社出版发行

长春净月经济开发区金宝街118号（邮政编码：130117）

电话：0431-84568071

网址：http://www.nenup.com

东北师范大学出版社激光照排中心制版

天津久佳雅创印刷有限公司印装

天津市宝坻区牛道口镇产业园区一号路1号

2019年1月第1版　2021年6月第2次印刷

幅面尺寸：170mm×240mm　印张：8　字数：122千

定价：23.80元

在人类几千年的历史中，涌现无数杰出人物。他们为社会的发展做出了巨大的贡献，留下了辉煌的业绩。

本书精选了古今中外极具影响力的名人，他们中有神秘的旅行者马可·波罗，有为事业献身的国际主义战士白求恩，有名传千古的一代神医扁鹊，有丝绸之路的开拓者张骞，有国际功夫巨星李小龙……这些功勋卓著的人物在历史的长河中熠熠生辉，他们的事迹吸引、感动着无数人。他们的言行犹如一块砺石，磨炼人们的毅力，激励人们的斗志。

本书以流畅易懂的文字，凝练地概括了这些名人的主要生平及成就，以故事的形式，讲述他们年少时的曲折经历和成功的智慧，并将新颖的版式与精美的图片相结合，多角度解读中外名人，启迪青少年读者的心智，激励他们奋发向上，树立正确的人生观、价值观，从而步入一条正确的人生道路。

希望阅读本书的青少年读者能从名人的成功经历中得到启示，这启示包括事业上的，也包括心灵上的。

Foreword

前言

Contents 目录

··········· 第一章 **外国篇**

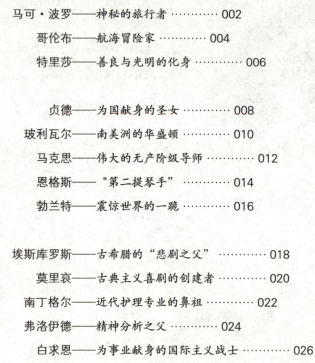

第二章 中国篇

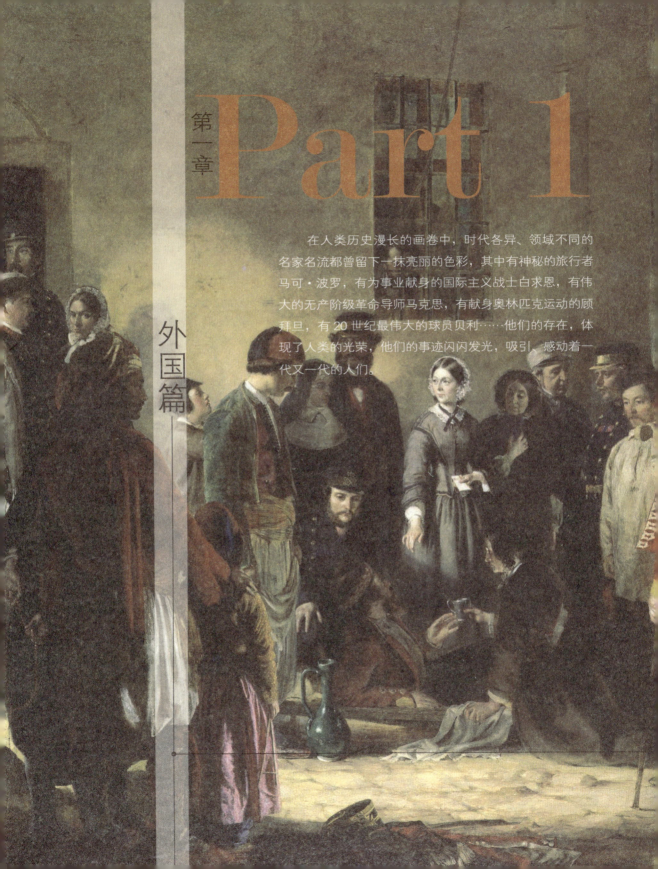

第一章 Part 1

外国篇

在人类历史漫长的画卷中，时代各异、领域不同的名家名流都曾留下一抹亮丽的色彩，其中有神秘的旅行者马可·波罗，有为事业献身的国际主义战士白求恩，有伟大的无产阶级革命导师马克思，有献身奥林匹克运动的顾拜旦，有20世纪最伟大的球员贝利……他们的存在，体现了人类的光荣，他们的事迹闪闪发光，吸引、感动着一代又一代的人们。

马可·波罗——神秘的旅行者

箴言

许多人过去不相信我，今天仍然不相信我——但是，我相信，这是上帝的旨意，我应该回来，让人们了解世界上存在着的事物。

马可·波罗（Marco Polo，约1254—1324），意大利旅行家。1254年，马可·波罗生于意大利威尼斯的一个商人家庭，这是一个旅行世家。1275年，马可·波罗随父亲和叔叔到达元朝的上都（今内蒙古自治区多伦西北），并在中国游历了长达17年之久。回到威尼斯后，马可·波罗参战被俘，在狱中，他常常将自己神奇的东方见闻讲述给狱友们。同狱的比萨人鲁思梯谦将之笔录成书，这就是今日大家熟知的《马可·波罗行记》（亦作"马可·波罗游记"）。

■ 中国初印象

马可·波罗出生在意大利威尼斯一个旅行世家，他的父亲和叔叔是当地有名的远东贸易商人。1255年，马可·波罗的父亲和叔叔乘船去东方经商。起初，他们的目的地并不是中国，但一路上战事频发，所以行程并不顺利。1264年，他们在旅途中碰到了元朝皇帝派往西方的使者，元朝使者口中的中国有着神秘的文化和壮丽的山河，让这两位意大利人憧憬不已，于是决定：改道中国！

1266年，马可·波罗的父亲和叔叔到达了元朝的大都，并得到了元世祖忽必烈的热情款待。临行时，忽必烈还请他们带信给罗马教皇，邀请教皇派人到中国进行文化和贸易的交流。

马可·波罗的父亲和叔叔回到意大利后，马可·波罗整日缠着父亲和叔叔给他讲关于东方旅行的故事。这些故事引起了小波罗浓厚的兴趣，使他对遥远的东方充满了憧憬！

← 为中西方文化交流做出杰出贡献的马可·波罗

■ 远渡中国

1271年，马可·波罗的父亲和叔叔拿着教皇格里高利十世写给忽必烈的回信，准备动身再去中国。这时候，马可·波罗已经17岁了，他一再请求父亲带他一同前往，父亲欣然应允了。

马可·波罗和父亲一行人从威尼斯乘船到地中海，然后横渡黑海，经过两河流域来到中东古城巴格达，再从波斯湾的出海口霍尔木兹乘船直驶中国，经过整整4年的艰难航行，他们终于在1275年到达了元朝上都。

年轻的马可·波罗十分聪慧，深得忽必烈的喜爱，还被授予官职。他几乎游遍了中国的大江南北，了解到许多中国先进的科学文化成就和有趣的风俗民情。

1292年，马可·波罗和父亲以及叔叔受忽必烈委托，护送一位叫阔阔真的公主到伊儿汗国成婚。那时，马可·波罗在中国已经游历了17年，他有些想家了，于是向忽必烈提出回国的要求，忽必烈答应他们，在完成使命后，可以回国。

一行人又一次踏上了旅途……

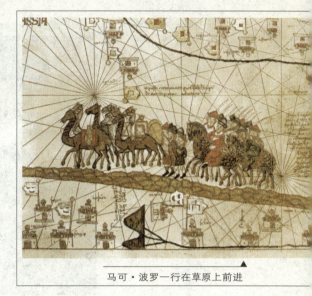

▲ 马可·波罗一行在草原上前进

■ 被俘的"百万先生"

1295年，马可·波罗一行人终于回到了威尼斯，回到了阔别多年的亲人身边。他们从中国回来的消息很快在当地传开，大家对他们所讲述的在中国的见闻都充满了惊讶与好奇，但是大多数人并不相信那是真的。

1298年，马可·波罗参加了威尼斯与热那亚之间的战争，不幸被俘。在监狱里，他经常把自己在东方的经历讲给狱友们听，这其中就有一位叫作鲁思梯谦的作家。鲁思梯谦每次都听得聚精会神，后来还将这些奇闻轶事笔录成书，写出了极具传奇色彩的《马可·波罗游记》。由于马可·波罗在讲述自己在东方的见闻时，总喜欢说"百万这个，百万那个"，他也由此得了个"百万先生"的外号。

■ 神秘西方旅行者

不得不说的是，上面的这些记述，其实均是源于马可·波罗自己的口述作品《马可·波罗游记》，而在中国浩如烟海的各类史籍中，学者们竟未找到一件可供考证的有关马可·波罗的记载。很多学者都对于马可·波罗是否真的来过中国存疑。但是诚如国学大师钱穆先生所说，很多中国人"宁愿"相信他真的到过中国，因为对马可·波罗怀有一种"温情的敬意"。如今仍伫立杭州西湖湖畔的马可·波罗雕像就是一个很好的例证。

哥伦布——航海冒险家

天才，就是别人认为毫无价值的不毛之地，你却能挖掘出黄金和甘泉来！

艺术家 Sebastiano del Piombo 于 1519 年绘制的哥伦布画像，现藏于纽约大都会艺术博物馆

克里斯托弗·哥伦布（Cristoforo Colombo，约 1451—1506），意大利航海家。他在西班牙国王斐迪南二世的资助下，在 1492—1502 年间 4 次横渡大西洋，并成功到达美洲，拉开了西班牙殖民美洲的序幕。他误认为所到达的地方就是印度，因此称当地人为"印第安人"。晚年的哥伦布贫病交迫，最终抑郁而亡。

坚信地圆说

哥伦布 1451 年出生在热那亚的一个普通工人家庭，父亲是一位毛线工，还经营一个卖奶酪的小摊，哥伦布小时候就经常帮着父亲看摊儿。自幼热爱航海事业的哥伦布，十分推崇曾在中国游历了 17 年的马可·波罗，立志要成为一位像马可·波罗一样成功的航海家。

长大后，哥伦布当上了舰长，成为一名技术精湛的航海家。他坚信地球是圆的，认为西起大西洋是一定可以找到一条通往东亚的切实可行的航海路线的。为了验证自己的想法，他先后向多个国家的国王寻求帮助，但是一直未果。他没有气馁，在坚持游说了十几年后，终于在 1492 年，获得了西班牙女王伊莎贝拉一世的支持。

哥伦布发现新大陆

1492 年 8 月 3 日，哥伦布受西班牙女王派遣，带着要呈递给印度君主和中国皇帝的诏书，率领舰队乘着 3 艘巨大的帆船从帕洛斯港出发，浩浩荡荡地驶出西班牙，直向正西方航行。经过 70 个昼夜的艰难航行，他们终于在 1492 年 10 月 12 日凌晨两点发现了陆地，当时哥伦布认为这块陆地就是印度。此后，他又进行了 3 次向西航行，登上了美洲的许多海岸。直到 1506 年逝世，他仍然以为他登上的陆地就是印度。

后来，是一位名叫亚美利哥的意大利学者，经过多次考察后才知

道，哥伦布到达的大陆其实并非印度，而是一个不为人知的新大陆。哥伦布发现了新大陆，但是这块大陆却并不是以他的名字命名，而是被冠以亚美利哥的姓氏。

后来对于谁最早发现的新大陆，出现了颇多争议。哥伦布发现新大陆的事实是不容置疑的，当时整个旧大陆的人们确实不知道在大西洋彼岸还有陆地。至于谁最先到达的美洲，则是另外的问题，因为美洲土著居民本身就是远古时期从亚洲迁徙过去的。中国、大洋洲的先民航海到达过美洲也是极为可能的。

使西方从黑暗走向光明

哥伦布的航行，开启了在新大陆开发和殖民的新纪元。当时的欧洲人口正处在严重的膨胀时期，而哥伦布的这一发现，使欧洲人民又多了一块可以定居的新大陆，又有了能使欧洲经济飞速发展的矿藏资源和其他原材料。从长远利益看，哥伦布的这一发现，还让西半球出现了一些新的国家，这些国家的出现极大地带动了旧大陆各个国家的发展，为西方后来冲破中世纪的黑暗，以不可阻挡之势开始崛起，并在之后的几个世纪中成就海上霸业，提供了不可小觑的帮助。

哥伦布日

哥伦布日，由美国于 1792 年 10 月 12 日发起，以纪念哥伦布在 1942 年首次登上美洲大陆，加上这一天恰好是哥伦布发现美洲的 300 周年纪念日，美国遂把这一天定为哥伦布纪念日，以后每年的 10 月 12 日（一说是 10 月的第二个星期一）都举行纪念活动。这一天也成为美国联邦的法定假日。现在很多国家都会在哥伦布日这一天举行相关的纪念活动。

2010 年的哥伦布日当天，纽约市举行了第 66 届哥伦布日游行，以纪念意大利航海家哥伦布 1492 年探险远征中首次发现美洲大陆，游行队伍沿纽约曼哈顿第五大道行进，大约有 3.5 万人、100 多辆花车参加了游行，观众多达数十万人。

▼ 表现哥伦布发现美洲的油画

特里莎——善良与光明的化身

箴言

我睡去后感到生命之美丽，我醒来时感到生命之责任。

特里莎（Theresa of Calcutta，1910—1997），著名慈善工作者、印度修女。原名阿格尼斯·勃亚金。一生投身于慈善事业，并做出巨大贡献，获 1979 年诺贝尔和平奖。逝世后印度政府为其举行国葬。

特里莎和她救助的孤儿

慈善的一生

特里莎出生于奥斯曼帝国科索沃省的斯科普里一个农民家庭，父亲是个普通杂货商。虽然家境并不富足，但父慈母爱，手足亲睦，特里莎是在这样一个温馨的家庭中成长起来的。

善良而博爱的天性使她对慈善事业是那么的着迷。1928 年她来到印度，投身于慈善事业。从 40 年代起，她在印度先后开展了救助孤儿、穷人和老人的慈善工作，并在印度和其他国家创办了许多学校、医院、收容所和孤儿院等。

1952 年，特里莎在一座印度庙的旁边建起了"垂死贫民收容所"，希望可以通过这种

方式帮助那些可怜的人，让他们在弥留之际能享受一下人间的温暖。20 世纪 80 年代末，大约有 3 万名身患不治之症又无家可归的穷人在收容所里度过了他们最后的时光。

此后，特里莎开始考虑收治麻风病人一事。1964 年，教皇保罗六世在印度访问期间接见了特里莎，并将自己的一辆高级轿车送给了她。特里莎后来将这部车卖掉，用拍卖所得的钱为麻风病人建了一幢楼房，并培训了一些护理人员，使这里成了加尔各答唯一的麻风病治疗中心。

1979 年，挪威诺贝尔委员会授予特里莎诺贝尔和平奖，以表彰她"为克服贫穷所做的工作"。在授奖仪式上，

特里莎说："我以穷人的名义接受这笔奖金。"在晚祷后，她对记者说："贪婪——对权力的贪婪，对金钱的贪婪，对名誉的贪婪，这是当今世界实现和平的最大障碍。"

特里莎卖掉了奖章，将所卖得的钱连同 19 万美元的奖金，全部捐赠给了贫民和麻风病患者，没有给自己留下 1 美分。

1992 年，联合国教科文组织将和平教育奖授予特里莎，以表彰她将一生献给解除贫困、促进和平和为正义而斗争的事业。她创建和领导的慈善机构在 120 个国家设立了 569 个服务中心，3500 名修女在其中供职。

1997 年 9 月 5 日，享誉全球的慈善家、诺贝尔和平奖获得者——特里莎因心脏病发作在印度加尔各答逝世，终年 87 岁。

特里莎逝世的消息传开后，整个加尔各答都沉浸在悲痛之中，成千上万名印度人含着泪水与特里莎作最后的告别。印度政府于 9 月 13 日为特里莎举行了盛大国葬。特里莎的灵柩盖着印度国旗，放在运送过圣雄甘地和印度国父尼赫鲁遗体的炮车上，缓缓驶向举行葬礼弥撒的加尔各答体育馆。逾百万不同宗教信仰的群众沿途跟随护送，向灵车抛掷鲜花并高举她的照片。

特里莎将毕生精力献给为穷苦人谋福利的事业，她以献身慈善事业的至诚和直面困苦的精神，赢得亿万人民的爱戴和尊敬，被人们尊为"善良与光明的化身"。

特里莎的纪念邮票

1979 年，为表彰特里莎修女的卓越成就，她被授予诺贝尔和平奖。

她在发表获奖感言时设问："我们能为促进世界和平做些什么呢？"她随后答道，"回到家里，爱你的家人。"她接着说道，"在全世界范围内，我发现贫穷不仅仅存在于整体贫困的国家中，在西方国家，贫穷更加难以消除。当我从大街上搭救回来一个饥饿的人，我给他一碗米饭，一块面包，我便很满足了。（因为）我让人吃饱了。但是，那些被社会排除在外的人，他们不被人需要，没人爱他们，他们生活在恐惧中，他们被社会抛弃。这样（精神上）的贫困太难（消除）了。"

■ 关于特里莎修女的争议

在生命即将走至尾声时，年迈的特里莎修女招来了一些西方媒体的批判与否定。他们认为特里莎修女所做的一切都是以信仰的方式倡导受苦，而不是帮助有需求的人。

但无论怎样，特里莎修女为众多在贫困中苦苦挣扎的人们所做的一切赢得了世人的尊重是不争的事实。

贞德——为国献身的圣女

箴言

如果你们爱我，就请跟随我！

▲ 法国著名画家安格尔于 1854 年绘制的油画，表现了贞德参加查理七世加冕礼时的情景，现藏于巴黎罗浮宫博物馆

胆识过人的贞德

1412 年，贞德出生在法国一个偏僻的村庄，她的父亲是位普通的贫苦农民。

贞德从小就帮父母干活，根本没有机会念书，因此连最简单的字母都不认识。她虽然没有接受过学校的教育，甚至不识得一个字，但是，当国家危亡和各地

贞德（Jeanne d'Arc，约 1412—1431），法国的女民族英雄、军事家。在英法百年战争（1337—1453）中，她带领法国军队英勇抵抗英军的入侵，最后在法国北部继续作战时，因遭暗算被擒，在第二年被处决。后被追授"圣女"称号。

人民保卫祖国的消息传来时，她激动异常。特别是在她的家乡流传着一个少女将士振兴国家的宗教传说，这更加让她觉得即使是女子，也有拯救祖国的责任。

当时正值英法百年战争期间，法国大片领土已被英国占领。在贞德 17 岁那年，英军围困了巴黎南面的奥尔良城，这是法国南北交通的战略重镇，一旦失守，南方就可能全部失陷。贞德听到这个消息后，感到为祖国效力的时刻已到，于是一再请求她的父母和叔叔带她去见当地的法军队长。叔叔为她的热诚所感动，跑去和队长商量，结果竟遭到队长的一顿训斥，队长认为，小女孩参军打仗，是千古奇谈。

贞德没有气馁，她一再恳求，终于来到了队长面前。"你这个小姑娘，连怎样戴头盔都不知道，怎么能上战场呢？"队长问她。

"我有决心和勇气，我能学会战斗。"贞德以坚定的口气回答。

"你一个人怎么和英国军队作战呢？"

"我有祖国和人民，还有国王。我要先解救奥尔良城，然后让国王正式加冕。"

原来，按照惯例，法国国王登基以后，应该在

兰斯城大教堂举行加冕礼，才算是全国公认的正式君主。这时的国王查理七世还没有机会举行加冕礼，英国人和勃艮第党人就想以此为借口来分裂法国。

贞德的一席话让队长大吃一惊。他发现面前这个农村少女不仅非常勇敢，而且很有见识和胆略，于是，他同意派 7 名士兵陪她去见国王。

■ 挽救了祖国，燃烧了自己

乡亲们听说贞德要去参军打仗都非常佩服她的勇敢，还为她准备了马匹和军装。看到她骑在马上那神气的样子，谁能相信在几天前她还是一个普通的牧羊女呢！

"她将挽救祖国"的消息很快就在周围地区传开，人民都拥护她，处处维护她。因此，贞德这一小队人马只用 11 天就通过了几百里的艰险路程，到达了国王驻地。

贞德面见太子查理，宣称她带来了上帝的旨意，要求查理给她一支军队去抵抗英军，查理最终答应了她的要求。两个月后，身披甲胄的贞德率领她的军队在卢瓦尔河畔的战略

Hermann Anton Stille 于 1843 年创作的油画，描绘了被绑在木桩上即将被烧死的贞德

要地奥尔良奇迹般地击败了英军。法军随后节节胜利，查理也最终如愿以偿地登上了法国国王的宝座。

然而，贞德没料到，加冕以后的查理七世却对她不再信任，大臣、将军害怕贞德夺走他们的权位，也对贞德充满了妒恨。结果，贞德在法国北部继续作战的时候，竟遭到这些人的暗算。

1430 年春，贞德在康边城外和英军、勃艮第党人作战，当她回城的时候，守城军官抢先关闭城门，致使她在城门外被勃艮第党人俘虏了。勃艮第党人以 1 万金币的价格把她卖给英军，查理七世竟然坐视不理。贞德在英军营中被囚一年，受尽迫害，却始终没有屈服。

1431 年 5 月，贞德被安上"女巫"的罪名，在卢昂城外处以火刑。当烈火在她脚下燃烧起来的时候，人们听到了这位女英雄坚强的声音："我永远相信我的事业是正义的！"

贞德死的时候只有 19 岁，25 年后，她被追授"圣女"的称号。1920 年，她又被封为"圣徒"，成为人们供奉的偶像。

玻利瓦尔——南美洲的华盛顿

箴言

最完美的政府制度是那种能够提供最大的幸福、最大的社会安全和最大的政治稳定的制度。

戎装的玻利瓦尔
（作者：Ricardo Acevedo Bernal）

西蒙·玻利瓦尔（1783—1830），拉丁美洲革命家、军事家、政治家、思想家。由于他的努力，委内瑞拉、秘鲁、哥伦比亚、厄瓜多尔、玻利维亚和巴拿马六个拉美国家从西班牙殖民统治中解放出来，获得独立，因此玻利瓦尔被誉为"南美洲的乔治·华盛顿"。

■ 高贵的"解放者"

1783 年，玻利瓦尔出生在委内瑞拉加斯市的一个西班牙血统的贵族家庭，9 岁时成了孤儿。青年时期，他游历欧洲，涉猎群书，曾拜读过卢梭、伏尔泰、孟德斯鸠等哲学家的著作，法国启蒙运动的思想深深地影响着他。他钦佩拿破仑的才能和功勋，但不赞成拿破仑称帝，认为"解放者"的称号远比任何帝王都高贵。

1805 年，玻利瓦尔在罗马阿旺丁山顶上立下了著名的誓言：只要祖国一天不从西班牙的统治下获得解放，他就要奋斗一天。在这之后，玻利瓦尔回到祖国，立即投身于反抗殖民统治、争取民族独立的斗争中。

1810—1812 年，委内瑞拉第一共和国成立，玻利瓦尔因积极革命而成为领导人之一。1812 年，第一共和国失败，他重新组织力量，解放了加拉加斯等地区，建立了委内瑞拉第二共和国，号召人民继续战斗，"向可恨的奴役者宣布一场决死战"。1813 年 10 月，他被授予"解放者"的称号。

1814 年，第二共和国又失败了，玻利瓦尔流亡于牙买加、海地等国家。之后，玻利瓦尔认真总结经验教训，宣布废除奴隶制法令，号召全体黑人为争取自由而斗争；没收西班牙王宫和反对派的财产；许诺分给革命军战士土地；取消印第安人的人头税，并保证分土地给他们等。这些措施获得了社

会各阶层的拥护，大大增强了革命军队的实力。玻利瓦尔决心率领各阶层人民坚决推翻殖民统治，赢得国家的独立和自主。

1819 年 5 月，玻利瓦尔率领革命军经过长途跋涉，翻越安第斯山，击败西班牙守军，占领波哥大，解放了哥伦比亚地区。接着，玻利瓦尔回师委内瑞拉，以强大的攻势横扫全境，西班牙军队望风而溃，不堪一击，玻利瓦尔随即解放全国。随后，革命军南下，乘胜追击，相继解放了厄瓜多尔、秘鲁等地。

▲ 画家 Tovar 的作品，战场上的玻利瓦尔

■ "每一个国民都享有自由"

秘鲁取得独立之后，便敦请玻利瓦尔参与商讨草拟宪法的会议。会议之后，秘鲁当局请求玻利瓦尔出任第一任总统，但被玻利瓦尔坚决拒绝。秘鲁当局便送了 100 万比索给他，玻利瓦尔默默接受了这份赠礼，然后询问秘鲁境内目前有多少奴隶，回答为大约有 3000 人。他又问：每个奴隶售价为多少？答曰：身体健壮者大约 350 比索一个。于是，玻利瓦尔便说，除了你们给我这 100 万比索之外，我还愿意倾尽我的全部，买下秘鲁所有的奴隶，然后放他们自由，如果一个国家不能让每一个国民都享有自由的话，那么我帮助这个国家争取独立，也就没什么意义了。

▲ 玻利维亚的国徽

知识链接

秘鲁当时是西班牙势力最为顽固的地区，玻利瓦尔经过艰苦的战斗，付出巨大的代价，才取得了胜利。所以当秘鲁东部（又叫上秘鲁）被玻利瓦尔解放后，就改名为玻利维亚（以他的姓氏命名），以纪念这个国家的解放者。

马克思——伟大的无产阶级导师

箴言

青春的光辉，理想的钥匙，生命的意义，乃至人类的生存、发展……全包含在这两个字之中……奋斗！只有奋斗，才能治愈过去的创伤；只有奋斗，才是我们民族的希望和光明所在。

1875 年的马克思

卡尔·马克思（1818—1883），犹太裔德国人，政治学家、哲学家、经济学家、社会学家、革命理论家。他是马克思主义的创始人，其观点在社会科学和社会政治运动的发展中扮演着重要的角色。他是无产阶级的精神领袖，是当代共产主义运动的先驱，是全世界无产阶级的伟大导师。

马克思的签名

伟大的事业

1818 年，马克思出生在德意志联邦普鲁士王国的一个律师家庭。1835—1841 年，马克思先后在波恩大学和柏林大学学习法律。在大学期间，他将主要精力放在对哲学和历史的研究上，并成为"黑格尔青年派"的一员。

1842 年，马克思在《莱茵报》担任主编时，发生了一件在马克思思想发展史上颇为有名的事件——"林木盗窃问题"。原来，在德国西部有大片的森林和草地，生活在这里的居民都可以在这里砍柴、放牧。可是后来一些贵族地主霸占了这里，不许居民们靠近。不少居民想到山林中去拾柴草，却被认为是"盗窃"。更令人愤慨的是，德国议会审议之后竟也认同居民的行为属于"盗窃"。

这种做法引起了全国民众对议会的强烈不满，人们愤怒谴责议会的不公平处理。马克思也在《莱茵报》上严厉抨击了普鲁士政府的做法，立场坚定地站在了民众一边。普鲁士政府对于《莱茵报》所发表的观点非常气愤，立刻查封了《莱茵报》。马克思也辞去了报纸的主编职务。

1843 年，马克思又在报上发表了一篇批评俄国沙皇的文章，引起了俄国沙皇尼古拉一世的不满。普鲁士国王接到沙皇的抗议后下令查禁《莱茵报》，马克思因此失业。

这之后，马克思着手研究政治经济学、法国社会运动及法国历史，并成为一名坚定的共产主义者。由于对贵族地主、资产阶级无情揭露和批判，马克思受到反动势力驱逐，不得不携家眷四处转移，依靠微薄的收入和好友恩格斯的救济艰难度日。饥饿和生存问题几乎把马克思一家逼入绝境，但就是在这样恶劣的条件下，马克思创作出了《关于费尔巴哈的提纲》《德意志意识形态》《共产党宣言》《剩余价值理论》《资本论》等一系列经典著作，他在书中分析了人类历史进程中的阶级斗争，阐述了唯物主义历史观和剩余价值学说这两个伟大的发现，创立了马克思主义理论体系。可以说他在经济上是贫困户，但在思想上却是个绝对的富有者。

马克思被广泛认为是历史上最有影响力的思想家之一，并且对世界政治及学术思想产生重大影响，甚至有哲学家认为马克思的影响可以与世界上两大主要宗教的建立者耶稣基督和穆罕默德相比。

■ "世界公民"

马克思一生都在为争取无产阶级解放和全人类解放而斗争，他着笔批判当局政府，言辞尖锐，文笔犀利，甚至直言号召无产阶级起来推翻政府，也因此被许多国家流放、驱逐。

1845 年，马克思参与编写《前进周刊》，对德国的专制主义进行了尖锐的批评。普鲁士政府对此非常不满，并要求法国政府驱逐马克思。于是马克思被法国政府驱逐出境，被迫去往比利时。1847 年 6 月，马克思和恩格斯为共产主义者同盟起草了纲领《共产党宣言》。此后，革命席卷欧洲，波及比利时。1848 年 3 月，马克思遭到比利时当局的驱逐。1848 年 4 月，在德国无产者的资助下，马克思和恩格斯一起回到普鲁士科隆，创办了《新莱茵报》。但在 1849 年 5 月 16 日，马克思又接到普鲁士当局的驱逐令。1849 年 6 月初，马克思又来到巴黎。面临着或是被囚禁于法国布列塔尼，或是再次被迫驱逐的选择。8 月，马克思被法国政府驱逐，前往英国伦敦。

多次辗转流亡的经历，让马克思称自己是 "世界公民"。而这一句简单的比喻，可想而知饱含了多少不为人知的辛酸与艰难。

◀ 位于伦敦海格特公墓的马克思墓
（摄影：John Armagh）

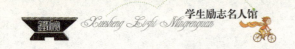

恩格斯——"第二提琴手"

箴言

谁肯认真地工作，谁就能做出许多成绩，就能超群出众。

弗里德里希·冯·恩格斯（1820—1895），德国思想家、哲学家、革命家，全世界无产阶级和劳动人民的伟大导师，马克思主义的创始人之一。他是马克思的挚友，为马克思从事学术研究提供了大量的经济支持，并在马克思逝世后将马克思的大量手稿、遗著整理出版，成为国际工人运动众望所归的领袖，被誉为"第二提琴手"。

▲ 1888 年时的恩格斯

■ 早期的生活

1820 年，恩格斯出生于德国莱茵省工业城市巴门市（今伍珀塔尔市），他的父亲是个带有普鲁士贵族血统的工厂主，是一位虔诚的基督徒，母亲心地善良，喜爱文学和历史。1837 年，还在上中学的他便被父亲命令辍学经商。

1838 年 8 月，恩格斯在父亲的安排下来到不来梅当办事员。在这个自由和民主思潮澎湃的城市，恩格斯很快成为一个民主主义者，还以"弗·奥斯沃特"为笔名写下许多激情洋溢的诗篇。1841 年 9 月，他来到柏林服兵役，并在业余时间到柏林大学听哲学课，很快成为"黑格尔青年派"中积极的一分子。他创作了《谢林和启示》等著作，对谢林的神秘主义观点进行了批判，还著文揭露以德皇威廉四世为代表的德国封建专制统治。

1842 年深秋，恩格斯来到英国曼彻斯特的"欧门—恩格斯纺织厂"当总经理。曼彻斯特是英国宪章运动中心，在那里他开始真正深入工人阶级的生活，并认识了当时还是《莱茵报》主编的马克思。从此，他开始了与马克思的终生合作。

■ 伟大的友谊

恩格斯与马克思志同道合，共同起草、创作了《神圣家族》《德意志意识形态》《共产党宣言》《中央委员会告共产主义者同盟书》《共产党在德国的要求》等著作纲领，他们共同研讨国际工人运动的理论和策略，探讨各个领域里的学术问题，还一起参加国际工人协会的领导工作。

恩格斯还在经济上给予了马克思莫大的支持。为了能够给马克思以更多的经济援助，恩格斯甚至做了整整 20 年他极不愿做的"该死的生意"。对恩格斯的无私奉献，马克思又感动又不安，他在给恩格斯的信中写道："坦白地向你说，我的良心经常像被梦魇萦绕一样感到沉重，因为你的卓越才能主要是为了我才浪费在经商上，才让它们荒废，而且还要分担我的一切琐碎的忧患。"恰如列宁所说："如果不是恩格斯牺牲自己而不断给予资助，马克思不但不能写成《资本论》，而且势必会死于贫困。"

在马克思逝世后，为出版马克思用毕生精力和心血写成的《资本论》，恩格斯同样付出了巨大的心血和智慧。他用了十年的时间整理、加工《资本论》的第二卷和第三卷，尽管他自己谦虚地说没有做其他任何工作，实际上他对一些残缺不全的手稿做了大量的修饰和润色，并进行了许多的补充说明和附注。如果没有恩格斯的整理、加工和创作，这两卷巨著的出版是难以想象的。

列宁曾赞叹恩格斯与马克思的崇高友谊说："他对在世时的马克思无限热爱，对死后的马克思无限敬仰。这位严峻的

战士和严正的思想家，具有一颗深情挚爱的心。"

■ 巨人的逝世

1895 年 8 月 5 日，恩格斯在泰晤士河边的寓所内逝世。8 月 27 日，遵照恩格斯的遗嘱，马克思的女儿爱琳娜、恩格斯妻子的侄女艾威林、恩格斯的战友列斯纳和弟子伯恩斯坦 4 人，背诵着但丁的诗句，将恩格斯的骨灰洒在了伊斯勃恩海湾的大海中。

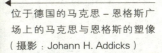

位于德国的马克思－恩格斯广场上的马克思与恩格斯的塑像（摄影：Johann H. Addicks）

为了纪念这位巨人，世界人民在各地建立了展览馆、纪念碑。1918 年 11 月 7 日，苏联在莫斯科革命广场建立了马克思－恩格斯纪念碑。德国柏林也修建了马克思－恩格斯广场，并在广场上竖立两人的雕像。在恩格斯的家乡，他的故居也得到了精心的保护和维修，家乡人民称他为"伍珀塔尔市著名的儿子"。

勃兰特——震惊世界的一跪

维利·勃兰特（Willy Brandt，1913—1992），德国政治家，1969—1974年任西德总理，1974年5月6日因为东德间谍入侵事件曝光被迫下台。尽管如此，他依然被视为德国最杰出的总理之一。1970年在华沙的华沙之跪引起全球瞩目。为此他在1971年成为诺贝尔和平奖获得者。2005年11月28日，德国电视二台投票评选最伟大的德国人，勃兰特名列第5位。

第三十任德国总理勃兰特（供图：德国联邦档案馆 Bundesarchiv, B 145 Bild-F057884-0009 / Engelbert Reineke / CC-BY-SA）

世界上最著名的市长

1913年12月18日，勃兰特生于德国北部的海港城市吕贝克。作为一位19岁售货员的私生子，他只能姓母亲的姓，取名赫伯特·弗拉姆。母亲嫁人后，小赫伯特就同身为社会民主党人的外祖父相依为命，社会主义思想的种子就这样在赫伯特幼小的心灵里生根发芽。

赫伯特16岁加入社会民主党。1931年加入社会主义工人党，并出任该党吕贝克党组织主席。希特勒上台后，残害一切进步人士，他被迫转入地下工作。为了免遭逮捕，他改用维利·勃兰特的名字，乘坐游艇偷渡到丹麦，开始了长达12年的流亡生活。

勃兰特很快从丹麦转到了挪威，在异国他乡坚持反法西斯斗争。1937年，他以战地记者的身份参加了西班牙内战，在马德里保卫战中进行采访报道。1940年，德国入侵挪威，勃兰特又辗转逃亡到瑞典并入了瑞典籍。在瑞典，他成了一名记者，积极报道德国对挪威的入侵。

1957年10月3日，勃兰特恢复德国国籍后被选为西柏林市市长。他以自己杰出的才干和出色的政绩赢得了众多的赞誉，被人称为"世界上最著名的市长"。1958年，勃兰特当选西柏林社会民主党主席。1966年12月，勃兰特出任联邦德国外交部部长。1969年大选后，勃兰特荣升总理。

■ 震惊世界的一跪

作为西德的第四任总理，勃兰特最让人们记忆深刻的是他在纪念被德国纳粹杀害的波兰人纪念碑前的一跪。

1970年12月7日，大雪过后东欧最寒冷的一天。

刚刚对捷克、波兰进行了国事访问后，联邦德国总理维利·勃兰特就冒着凛冽的寒风来到华沙犹太人死难者纪念碑下。他向纪念碑献上花圈后，肃穆垂首，突然双腿下跪，并发出祈祷："上帝饶恕我们吧，愿苦难的灵魂得到安宁。"

勃兰特在1973年接受意大利著名女记者法拉奇采访时说道："我明确区分罪过和责任。我问心无愧，而且我认为把纳粹的罪过归咎于我国人民和我们这代人是不公平的，罪过只能由希特勒等发动二战的战犯去承担。尽管我很早就离开了德国（二战期间勃兰特流亡国外，从事反法西斯斗争），但对希特勒上台搞法西斯主义，我也感到有连带责任。出任德国总理后，我更感到自己有替纳粹时代的德国认罪赎罪的社会责任。那天早晨醒来时，我有一种奇异的感觉，觉得自己不能只限于给纪念碑献一个花圈。我本能地预感到将有意外的事情发生，尽管我不知道是什么事情。献完花圈后我突然感到有下跪的必要，这就是下意识吧。"

勃兰特在波兰犹太人纪念碑前下跪谢罪，被誉为"欧洲约1000年来最强烈的谢罪表现"。1971年，美国《时代》周刊推选勃兰特为1971年度风云人物。同年10月，挪威议会诺贝尔委员会一致同意授予勃兰特诺贝尔和平奖，以表彰他为缓和国际紧张局势所做出的努力。

1974年5月，勃兰特因纪尧姆间谍案引咎辞职。但他很快就从纪尧姆间谍案的阴影中摆脱出来，以更加充沛的活力重新回到了政治舞台，足迹遍布亚洲、欧洲、美洲和非洲。西方报刊评论家称他为"和平使者"。

1992年10月8日，勃兰特在波恩附近的家中溘然长逝。

1990年，勃兰特在一次集会上发表演讲时做出胜利的手势（供图：德国国家档案馆 Bundesarchiv, Bild 183–1990–0304–022 / Kasper, Jan Peter / CC–BY–SA）

埃斯库罗斯——古希腊的『悲剧之父』

"悲剧之父"——埃斯库罗斯

埃斯库罗斯（公元前525年—公元前456年），悲剧诗人，与索福克勒斯、欧里庇得斯一起被称为"古希腊最伟大的悲剧作家"，有"悲剧之父""有强烈倾向的诗人"的美誉。代表作有《被缚的普罗米修斯》《阿伽门农》《善好者》（或称《复仇女神》）等。

■ 战乱中走出来的悲剧之父

埃斯库罗斯出生于希腊埃琉西斯的一个古老的贵族家庭。他的少年时代是在希庇亚斯的暴政之下度过的。当时，雅典的贵族与平民之间的斗争非常激烈，而埃琉西斯正是雅典贵族势力的中心。这一由贵族统治向民主制过渡的时期，对他的世界观的形成不无影响。

公元前509年，克里斯提尼实行改革，使雅典走上了民主发展的新阶段。此后不久，希腊和波斯之间日趋激烈的矛盾导致了历史上著名的"希波战争"。期间，埃斯库罗斯参加了马拉松战役、萨拉米斯战役。

之后，热爱喜剧和诗歌的埃斯库罗斯多次前往西西里岛。公元前475年，他在那里与诗人西摩尼得斯和品达相会。

公元前472年，埃斯库罗斯回到雅典，在那里他的《波斯人》首次上演。《波斯人》描写了波斯海军在萨拉米斯海战中的覆没，充满了强烈的爱国主义精神。这部对战时经验的回味之作为他赢得了诗人比赛的最高奖，而在他的一生中一共赢得了13次雅典诗人比赛的最佳奖。

作为古希腊最伟大的悲剧作家，埃斯库罗斯最大的贡献是在表演中引入了第二个演员，改变了过去只有一个演员和歌队共同演出的传统模式，为戏剧情节的发展和戏剧道白的丰富提供了可能和便利条件。埃斯库罗斯已知剧名的作品共有80部，遗憾的是大部分都已遗失，只有7部传世。他是整个古希腊戏剧界的第一位大师，对整个西方戏剧艺术的发展都产生了深远的影响。

■ 著名的悲剧作品——《被缚的普罗米修斯》

埃斯库罗斯开始创作时，希腊悲剧尚处于早期发展阶段。诗人对戏剧艺术做出了许多重要的贡献。他的悲剧风格崇高，语言优美，富于抒情气氛，使悲剧具有完备的形式。

他最著名的悲剧作品是《被缚的普罗米修斯》，他在书中塑造了性格坚毅、意志坚强的普罗米修斯，这一英雄形象同他的大部分悲剧一样，取材于神话故事，其创作依旧延续了三联剧的形式，结构完整，衔接严谨。（其他两部作品是《送火者普罗米修斯》《被解绑的普罗米修斯》，都已遗失。）剧本剧情情节并不复杂，但矛盾冲突激烈，抒情色彩浓厚，着意突出了崇高壮烈的英雄主义思想。

知识链接

《送火者普罗米修斯》中描写了雅典人感谢普罗米修斯，剧中有火炬游行的场面；《被解绑的普罗米修斯》描写宙斯最终与普罗米修斯和解，并派自己的儿子赫拉克勒斯释放了普罗米修斯。

在仅存的《被缚的普罗米修斯》中，热爱并同情人类的普罗米修斯，不愿再看到人类在愚昧无知中生活，他给人类带去了知识，带去了火种，开启了人类的智慧之门，引领人类走向文明之路。然而，普罗米修斯的行为却惹恼了宙斯。宙斯下令将他囚禁在高加索的悬崖上，让他终日暴露在烈日和风雪之下，更令一只恶鹰每日前来啄食他的肝脏。普罗米修斯受尽煎熬苦楚，却始终对救赎的信仰坚定不移。

《被缚的普罗米修斯》，彼得·保罗·鲁本斯作品，画中右方的鹰由弗兰斯·斯奈德斯（Frans Snyders）绘

莫里哀——古典主义喜剧的创建者

莫里哀（Molière，1622—1673），法国剧作家、戏剧活动家。本名为让·巴狄斯特·波克兰（Jean Baptiste Poquelin），莫里哀是他的艺名。他一生共完成喜剧30余部，其中的代表作品有《伪君子》《唐璜》《吝啬鬼》等。他的创作在许多方面突破古典主义的成规旧套，对欧洲喜剧艺术的发展有着深远的影响。

箴言

对于聪明人来说，劝告是多余的；对于愚昧人来说，劝告是不够的。

■ 对戏剧莫名的喜爱

莫里哀出生在巴黎一个商人家庭，他的父亲是一位挂毯商和宫廷室内陈设商，母亲在他10岁的时候就已经离世。由于父亲一直忙于经商，莫里哀就由外祖父带大。外祖父是一个戏剧迷，在莫里哀还很小的时候，外祖父就时常带着他到剧院观看各种戏剧演出，久而久之小莫里哀也对戏剧产生了浓厚的兴趣。

1643年，21岁的莫里哀经过深思熟虑后，放弃了父亲为他精心安排的事业和生活，毅然走出家庭，去实现他的戏剧梦想。

■ 对戏剧的痴狂，让他尝遍了苦楚

这一年，他先是同十几个青年组织了一个叫"盛名剧团"的戏剧团，然后在巴黎进行演出。但事业的起步往往是曲折的，莫里哀的剧团演出失败，剧团因此负债，而莫里哀作为剧团的主要负责人为此还被拘押了起来。就这样，辛辛苦苦建立起来的剧团解散了。

▲ 艺术家 Pierre Mignard 在 1658 年左右为莫里哀绘制的头像

1645年，莫里哀与贝雅尔兄妹一起加入了另一个剧团并离开了巴黎。出生在商人世家，从小在父亲的安排和呵护下生活、学习的莫里哀，就这样为了成就自己的戏剧梦想，毅然投身到法国平民生活之中。为了积累更多的创作素材，了解法国平民的生活，他在法国西南整整流浪了12年，遍尝了世间的酸甜苦辣。在这12年里，他用心学习人民所喜闻乐见的闹剧，学习以演技取胜的意大利"即兴戏剧"，终于成长为一个出色的戏剧活动家。

■ 为事业献身舞台

莫里哀是一位著名的喜剧大师，但是他的死却是一场悲剧。1673年，莫里哀51岁，他的身体一直非常虚弱，由于长期的表演和工作过度劳累而患有严重的肺炎，经常会咳嗽不止。

2月17日晚上，法国巴黎剧院上演了一部喜剧《无病呻吟》，担任主角的就是作者莫里哀。开演之前，莫里哀的妻子发现丈夫咳得非常厉害，一再劝他不要登台，可是莫里哀对妻子说："我必须演出，要不然剧团这么多兄弟的生活费怎么办？"当莫里哀强忍着病痛登上舞台时，场下响起了一阵雷鸣般的掌声。演出开始了，莫里哀扮演的"心病者"是一个挂着医生招牌的江湖骗子，没病装病，而扮演者莫里哀却真正是一个有病之人。表演中，莫里哀时常会痛苦地剧烈咳嗽，观众还以为是他表演得逼真。莫里哀强忍着病痛的折磨，勉强把戏演完。就在这天晚上，莫里哀在一阵剧烈地咳嗽后，震破了喉管，与世长辞。

■ 莫里哀戏剧月

莫里哀对戏剧的热爱，让他放弃了父亲为他精心安排好的生活，把自己的一生都奉献给了他最喜爱的戏剧事业。莫里哀不仅是一位杰出的剧作家，一位出众的导演，一位成就极高的优秀演员，还培养了一代卓有成就的表演艺术家。

他是法国戏剧史上贡献卓越的戏剧家，也是整个欧洲戏剧事业发展的推动者。

法国为了纪念这位伟大的戏剧创作家对戏剧事业的贡献，自1996年起，文化部规定：将每年的4月定为莫里哀戏剧月，这个月全国各地都会上演莫里哀的名作。2011年，是该活动举行的15周年，为了庆祝这一纪念月，法国里昂上演了多部莫里哀的主要作品，包括《无病呻吟》《伪君子》等，有很多场次都是免费的。

1739年英法对照版《伪君子》的卷首插画和书名页，插画描绘"伪君子"塔杜夫被富商的妻子爱米尔设计，而在富商奥尔冈（躲在桌下）面前调戏她的场景

弗罗伦斯·南丁格尔（Florence Nightingale，1820—1910），英国女护士、欧美近代护理学创始人。生于意大利佛罗伦萨。在克里米亚战争中，南丁格尔以其人道、慈善之心为交战双方的伤员耐心服务，经常在夜间手持油灯巡视病房，因此被战地士兵称为"提灯女神"。1860年，她在伦敦建立了英国第一所正规护士学校——南丁格尔护士学校，推动了西欧各国乃至世界各地护理工作和护士教育的发展。她的办学思想由英国传到欧美及亚洲各国，被誉为近代护理专业的鼻祖。

▲ 开创了近代护理事业的南丁格尔

南丁格尔——近代护理专业的鼻祖

箴言

护士工作的对象，不是冷冰冰的石头、木头和纸片，而是具有热血和生命的人类。护士必须具有一颗同情心和一双愿意工作的手。

■ 做一个好护士

在伦敦街头你会看到一座女士铜像，在英国 10 英镑纸币的背面也印有这位女士的半身像，她就是近代护理学的奠基人弗罗伦斯·南丁格尔。英国人把她看作英国的骄傲，美国著名诗人朗费罗也特意写诗赞颂她的功绩，赞美她的高贵精神，称她为妇女界的英雄。

1854—1856 年克里米亚战争期间，英国的战地医院管理不善，救护条件差，护理人员短缺，士兵死亡率高达 50%。就在这时候，南丁格尔主动提出申请，志愿前往战地医院担任护理工作。

当时前线医疗用品匮乏，水源不足，医疗卫生条件极差，但是南丁格尔并没有被这些困难吓倒，仍以满腔的热情投入到救护伤病员之中。她重组医院，改善伤病员的营养和卫生条件，整顿卫生间、化验室和厨房以及敷料器具和药物的供应，加强对伤员的伤口护理。她对伤员充满爱心和责任感，及时为他们提供必需的生活用品和食品，还组织士兵家属协同工作，从而使战地医院的面貌焕然一新，在半年左右的时间里，伤病员的死亡率就下降到了 2.2%，南丁格尔也一时间成了英国传奇式的人物。

南丁格尔和蔼可亲，爱护伤病员。在黑暗的深夜，她手持油灯巡视病房，无微不至地关爱着每一个伤兵，伤兵们感动地躺在床上亲吻她映在墙壁上的身影，并亲切地称她为"提灯女神"。

▲ 南丁格尔在斯库台照顾伤者

1860 年，南丁格尔在伦敦圣多马斯医院创办了"南丁格尔护士训练学校"，正式建立了护理教育制度，开创了现代护理专业这一伟大事业。为此，她被后人誉为护理事业的先驱。如今，南丁格尔"担负保护人们健康的职责以及护理病人使其处于最佳状态"的护理理念已传遍世界，护士们也以南丁格尔为榜样，以"爱心、耐心、细心、责任心"对待每一位病人，做好治病救人的工作。

国际护士节

1912 年，国际护士理事会倡议以南丁格尔的诞辰 5 月 12 日作为国际护士节，以后每年都会举行纪念活动，以倡导、继承和弘扬南丁格尔甘于奉献、救死扶伤的人道主义精神，激励广大护士继承和发扬护理事业的光荣传统。每位护士还会在这天的授帽式上宣誓，誓词即著名的"南丁格尔誓言"："余谨以至诚，于上帝及会众面前宣誓，终身纯洁，忠贞职守，尽力提高护理专业标准，勿为有损之事，勿取服或故用有害之药，慎守病人及家属之秘密，竭诚协助医师之诊治，务谋病者之福利。"

南丁格尔奖章

国际红十字大会还设立了南丁格尔奖章，以奖励有关国家的红十字会或红十字附属医护单位的护士、志愿助手、积极分子和定期支持者，是国际护理界的最高荣誉奖。奖章正面刻有南丁格尔的肖像和"纪念弗罗伦斯·南丁格尔，1820 至 1910 年"的字样，反面刻有"永志人道慈悲之真谛"的字样及获奖者的姓名和颁奖日期。

弗洛伊德——精神分析之父

人生就像弈棋，一步失误，全盘皆输，这是令人悲哀之事；而且人生还不如弈棋，不可能再来一局，也不能悔棋。

▲ 著名精神分析家西格蒙德·弗洛伊德

西格蒙德·弗洛伊德（Sigmund Freud，1856—1939），奥地利心理学家、精神病医生。弗洛伊德是精神分析学派创始人，代表作有《释梦》《精神分析引论》《精神分析引论新编》等。他认为存在于无意识中的性本能是人的心理的基本动力，是支配个人命运、决定社会发展的力量。他还把人格分为自我、本我和超我三个部分。其学说被西方哲学和人文学科各领域吸收和利用。

■ 在孤立中成长

弗洛伊德4岁时就来到了维也纳，他的全部学业也是在那里完成的。中学期间，弗洛伊德在班上的成绩一直名列前茅，也因此几乎所有的课程都可以免试通过。

那时候，弗洛伊德家里生活非常拮据，但父亲对其选择职业一事，始终主张由他自己去决定。

无论是在那时候，还是在晚年，弗洛伊德对医生这一职业其实并无特别的偏好，只是一种对人而不是对物的好奇心，左右了他的选择。他差不多从识字的时候起，便迷上了《圣经》故事，这对他的兴趣爱好具有长久的影响。

"1873年我刚进入大学不久，就觉得有些失望。我发现，周围人都以为我会因为自己是犹太人而感到自卑，这让我很难理解。我从来不知道为什么要对自己的出身或者如人们所说的'种族'感到羞耻。于是，我就在这样一种不受欢迎的氛围中置身于大学这个社圈，但是我并没有感到太多的遗憾；我认为，对于一个积极的进取者来说，再怎么排挤，他还是能在社会的某个角落，寻得一块立身之地的。"

在大学里的那些最初感受对弗洛伊德的影响是非常重要的，在他还如此年少的时候便已处于"反对派"的地位，尝到了被"紧密团结的大多数"压制的命运，这为他以后独立判断力的形成打下了一定的基础。

■ 相濡以沫的爱情

玛莎·贝纳斯是弗洛伊德妹妹的朋友，弗洛伊德第一次见到她时，她正坐在弗洛伊德家的客厅里，削着一个苹果，柔润的面庞和优雅的姿容令每天在实验室里盯着玻璃试片的弗洛伊德从此告别了显微镜——"她感受到我不敢追求女人，就泰然地走到我的面前。她使我有了信心，给了我新的希望和活力，而这些正是当时我最需要的。"

弗洛伊德送给玛莎的第一份礼物是狄更斯的小说《大卫·科波菲尔》，玛莎送给他一块亲手做的蛋糕，两个月后，玛莎送给弗洛伊德一枝菩提花，他又送给她一枚镶有一颗珍珠的戒指。

在这之前，弗洛伊德认为医生仅仅可以减轻病人的病痛，而实验室的研究却能帮助病人找到根除疾病的方法，可是现在，他想娶玛莎为妻，他必须赚钱以立业成家。于是弗洛伊德进入维也纳综合医院，成为一名神经科医生。整整4年后，弗洛伊德医生终于赚了足够的钱买了一所房子。这4年中，玛莎经常需要回汉堡照看父亲，弗洛伊德则没有一天忘记给玛莎写信。

1886年，当玛莎嫁给弗洛伊德时，他们的家里摆着"20年都用不完"的成打的床单、枕套、餐巾、沙发罩，这些东西上绣着他俩姓名的缩写字母，它们包含着4年来玛莎每一天对弗洛伊德的想念，犹如弗洛伊德每一天写给她的情书。

弗洛伊德是为了玛莎才重新选择了职业，当他本人因这一职业而举世闻名的时候，他说："人坐在高级沙发里会感到苦恼，妻子永远是房间里最好的装饰。"

弗洛伊德与玛莎相知甚深，彼此奉献，在53年的夫妻生活中，唯一让他们争执的问题仅是煮洋菇时到底该不该去茎。

André Brouillet 于 1887 年绘制的《妇女救济院的临床示范课》（局部）描述了夏科氏疾病的病例，弗洛伊德把其印刷品放在他的咨询室里的沙发上

白求恩——为事业献身的国际主义战士

一个战士，在前方奋勇杀敌，负了伤来到医院治疗，我们如果对他不负责任，就是对革命不负责任。

诺尔曼·白求恩（Henry Norman Bethune，1890—1939），加拿大共产党员、国际主义战士、著名胸外科医师。他的胸外科医术在加拿大、英国和美国医学界都享有盛名。中国抗日战争爆发后，白求恩为了帮助中国人民的抗日斗争，于1938年不远万里来到延安，亲临前线，就地施行医疗手术，从而大大减少了伤病员的死亡率，挽救了许多战士的生命，为中国人民的解放事业做出了卓越的贡献。后因抢救伤员时受到了致命的感染，于1939年11月12日在河北唐县逝世。

白求恩1922年毕业照片

战火中拯救生命

1937年7月，中国的抗日战争爆发。年近50岁的加拿大共产党员白求恩放弃了国内待遇优厚的工作条件和优越舒适的生活环境，不远万里来到中国，支援中国的抗日战争。

考虑到当时中国的医疗条件差，医疗器械匮乏，他随行还带来了一批医药品和显微镜、手术器械等医疗工具。从此，哪里有伤员，白求恩大夫就出现在哪里。在晋察冀的一次战斗中，他曾经连续69个小时为115名伤员动手术。他的手术台，经常会安置在离前线最近的寺庙内，由于离前线太近，因此经常会有敌人的炮弹在手术室的周围炸开，震得手术室都在颤抖，每到这时候，其他的医护人员都会被吓得惶恐不安，可是白求恩大夫却依然在专心地动手术。战士们劝他转移到一个离战火稍远些的寺庙，白求恩坚决不同意，他说："离火线远了，伤员到达手术室的时间就会延长，死亡率定会增高。战士们在战斗的火线上都不怕危险，我们有什么可怕的？"就这样，白求恩在枪林弹雨声中整整工作了两天两夜，一直坚持在手术台上工作着，直到战斗的结束。

把自己的鲜血输给中国战士

有一次，从前线送来一位重伤员，因为失血太多，已经昏迷不醒，急需输血。但是，卫生员却一脸愁容地向白求恩报告

说："这位伤员需要的 O 型血已经用完了。"旁边一位伤员一听，马上对医生说："医生，我是 O 型血，抽我的血吧！"

白求恩看着这位伤员，亲切地说："你在战场上已经负了伤，流了血，不能再抽你的血了。"说着，他就捋起了袖子，对卫生员说："我的也是 O 型血，抽我的吧。"

可是大家都不同意，因为白求恩当时已经是近 50 岁的人了，而且还有那么多的伤员等着他治病，怎么能再让他输血呢？白求恩大夫却坚持说："不要再拖了，我们及时救活一个战士，就等于在战场上消灭一个敌人。快开始吧！"

他的话深深打动了在场的每个人。就这样，一个加拿大人的血液一滴一滴地流进了中国战士的血管内。

白求恩和聂荣臻，摄于 1938 年

■ 不幸殉职

1939 年 9 月，日军开始了冬季"扫荡"，白求恩带领着医疗队奔赴摩天岭前线，在靠近火线的一座破庙里布置了手术室，他顾不上吃饭、睡觉，抓紧时间抢救伤员。

就在白求恩为一个头部受伤感染的伤员做手术时，不小心被手术刀划破了左手中指，当时很多医护人员都劝他回去包扎一下，但他只是把受伤的手指放在消毒液里浸了浸，便继续工作，当为最后一名伤员做完手术撤离时，敌人已经进村了。

经过一昼夜的行军，他们的医疗队转移到了甘河净后方医院，这时他的手指已经开始发炎肿胀，受到了细菌的感染，但他顾不上休息，仍然紧张地给伤员们做手术。

11 月上旬，黄土岭战斗打响了，白求恩坚决要求上前线。他说："不能因为这点小病让我休息，你们要拿我当一挺机关枪去战斗。"

白求恩拄着一根树枝，率医疗队上了前线。而这时，他的伤势已经严重恶化，转为了败血症。

工作中，白求恩昏倒了，病情危急。军区首长指示，要不惜一切代价为白求恩治疗，然而医护人员竭尽全力，已回天乏术了。

1939 年 11 月 12 日晨 5 时 20 分，白求恩——一颗拯救了无数生命的伟大医生为中国人民的解放事业献出了宝贵的生命。

加加林——人类太空第一人

箴言

地球是蓝色的。

加加林（Юрий Алексеевич Гагарин，1934—1968），苏联首位航天员、人类探索太空的先驱、第一个进入宇宙空间的人。1961年4月12日，加加林乘坐的"东方-1"号宇宙飞船环绕地球航行一圈，历时1时48分，成为进入太空第一人，获苏联英雄称号。1968年3月27日在一次训练飞行中，因飞机失事遇难。

苏联于1962年发行的加加林明信片和邮票

■ 成功完成第一次太空探索

20世纪60年代初，苏联政府载人航天工程属于国家最高机密，因此宇航员选拔及飞天任务的行程安排始终是在最严格的保密制度下进行的。1961年初春，加加林和季托夫作为完成人类首次太空之旅的最佳人选，进行飞行前的最后培训。

据当时加加林的一些工作记录显示，加加林在最后培训阶段一直认为，自己和季托夫成为首位航天员的机会均等。他在1961年4月12日完成航天飞行任务后的一次工作汇报中说，飞行准备期间，他认为自己和季托夫的工作表现一样出色，他虽然很想成为第一位宇航员，但没有十足的把握确信自己将被选中完成这一艰巨的任务。因为航天工程总指挥部一点也没有透露有关人选的信息，直到1961年4月11日晚飞行任务总指挥尼古拉·卡马宁才亲口告诉他，明天清晨他将被送入"东方-1"号宇宙飞船，这时候他才相信了自己有可能创造历史。

4月12日，当加加林在太空飞完了108分钟，按下"25"那个神秘密码以后，"东方-1"号飞船降至高空，随之，加加林平安地跳伞落回了地球。这个25岁的矮个上尉，代表人类圆满地完成了探索太空的第一次飞行！

■ 神秘的儿子

在加加林成功完成人类首飞太空任务之前，这位太空英雄的工作对于家人来说是非常神秘的，当时政府不准许他向家人讲述他的工作内容，因此包括他母亲在内的所有亲属都只知道他在从事与飞机有关的工作，因为加加林在当宇航员前是空军飞行员。

1961 年 4 月 12 日，"东方 -1"号宇宙飞船顺利返回地面后，苏联所有电台的播音员几乎在同一时刻激动地喊出了加加林的名字。当时加加林的母亲安娜的邻居恰巧也在听广播，当她听到这则令人难以置信的新闻后，立即冲到安娜的家里，激动之下只喊出了加加林的名字，并示意让安娜听广播，但安娜看到邻居异乎寻常的表现后却当场昏倒在地。家人和邻居立即将安娜送到医院抢救，安娜苏醒后，听说了儿子的壮举这才松了一口气，她对周围的人说，当时看到邻居那样激动地喊加加林的名字，她脑子里只想到儿子驾驶的飞机可能失事了，因为她只知道儿子是飞行员，却怎么也没想到他会上太空。

■ 想把同事的骨灰埋在月球

加加林首飞太空后，苏联又进行了一系列太空探索活动，包括人类首次太空行走、飞船太空对接等。加加林的好友、首位进行太空行走的宇航员阿列克谢·列昂诺夫回忆了加加林非常鲜为人知的事：谢尔盖·科罗廖夫是苏联宇航事业的主要奠基人之一，被誉为俄国"火箭之父"，他曾负责培训过像加加林、列昂诺夫等优秀的宇航员。

科罗廖夫逝世后，加加林非常怀念他。在一次同事聚会上，加加林对包括列昂诺夫在内的几名宇航员说，苏联可能要启动登月计划，他本人有个愿望，到时如果在座的哪位同事能被选中完成登月行动，那么他出发前一定要带上一点科罗廖夫的骨灰，到了月球后选个地点，像在地球上一样给科罗廖夫建个墓。列昂诺夫表示，由于苏联后来没有实现登月计划，因此加加林当年的愿望至今还没有实现。

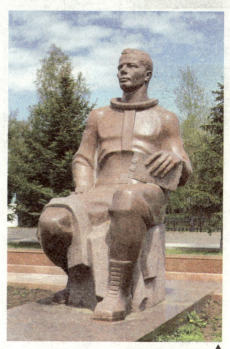

人类进入太空第一人

香奈尔——世界时尚女王

香奈儿——香奈尔品牌的创始人

箴言

流行稍纵即逝，风格永存。

嘉布丽叶儿·波纳·"可可"·香奈尔（Gabrielle Bonheur "Coco" Chanel, 1883—1971），法国先锋时装设计师，香奈尔（Chanel）品牌的创始人。她突出了现代主义的特色和男装化的风格，简单设计之中见昂贵，成为 20 世纪时尚界最重要的人物。她以先锋的理念改变了 20 世纪女性的衣着，对高级定制女装的影响令她被《时代》杂志评为 20 世纪最具影响力的 100 人之一。

■ 被抛弃的孤儿

1883 年，香奈尔生于法国一对未婚夫妇的贫困家庭，她的父亲是一个杂货小贩，母亲是一个牧家女，家中共有兄弟姐妹 5 人，她排行老二。香奈尔的童年是不幸的，在她 12 岁那年母亲就离世了，而后父亲竟无情地抛弃了他们兄弟姐妹 5 人，一走了之，最后还是她好心的姨妈将她抚养成人。长大后，她被送到修女院学校，并在那里学得一手针线技巧。

1905 年，也就是在香奈尔 22 岁那年，她做了咖啡厅歌手，并起了 "Coco" 的艺名，从此开始了在咖啡厅的唱歌生涯。在这段咖啡厅歌手的岁月中，她结识了好多有钱、有权的达官贵人，正是这些人对香奈尔的资助才让她有能力开设自己的店面。

大胆创新的设计风格

1910 年，香奈尔凭借着自己非凡的针线技巧和对时尚的独特理解，在巴黎开设了一家女装帽店，缝制出一顶又一顶款式简洁而耐看的帽子。当时的女士们已经厌倦那种都是花俏装饰的帽子，所以香奈尔简洁大方的设计款式，得到上流社会女士们的青睐。

做帽子绝不能满足香奈尔对时装事业的雄心，她又开始涉足高级服装领域。1914 年，香奈尔相继开设了两家时装店，也正是时装店的开设，让后世影响深远的时装品牌"Chanel"宣告正式诞生。

步入 20 世纪 20 年代，香奈尔设计出了不少创新款式，例如针织水手裙、迷你小黑裙、樽领套衣等。并且，在一个女性只穿裙子的时代，香奈尔从男装上获取灵感，大胆地在女装上添加了一点男人味儿，一改当年女装过分艳丽的绮靡风尚。她大胆而独特的创新，俘虏了无数上流社会富家太太们的芳心，一时间争相购买。

Chanel No. 5 香水

除了时装，香奈尔还在 1922 年推出著名的 Chanel No.5 香水。Chanel No.5 香水是一瓶极具装饰艺术味道的方形玻璃瓶香水，也是史上第一瓶以设计师命名的香水。香奈尔委任 Ernest Beaux 开发了 6 款香水配方，并依次命名为 1 号至 6 号，因其中第 5 号配方备受垂青而被推出市场。香奈尔在 1921 年 5 月 5 日首次向朋友推介这种产品，随后以赠品的方式开始向小服装店和比较熟悉的客户进行推广。这瓶香水成为 Chanel 历史上最赚钱的产品，并且在漫长的时光长廊上经久不衰，至今在 Chanel 的官方网站依然是重点推介产品。

东山再起

后来，"二战"的爆发导致香奈尔不得不把店面关掉，离开法国到瑞士避居。1954 年战争结束，她重返法国，仍然坚持她一直以来简洁而自然的风格，很快再次俘虏了无数巴黎上流社会女士们的芳心。粗花呢大衣、喇叭裤等都是香奈尔在战后时期的作品。香奈尔的设计一直保持简洁高贵的风格，Chanel 品牌也成为法国时装史上最光荣的一笔。

香奈尔 1971 年去世后，德国名设计师卡尔·拉格斐（Karl Lagerfeld）成为香奈尔品牌的灵魂人物。自 1983 年起，卡尔·拉格斐一直担任香奈尔的总设计师，将香奈尔时装推向另一个高峰。

Chanel No. 5 香水

箴言

我从来不拥有什么天赋才能，我崇拜我的工作，我尽了最大努力。

奥黛丽·赫本（Audrey Hepburn，1929—1993），英国女电影演员。她相继主演了《罗马假日》《谜中谜》《窈窕淑女》等影片，并因主演《罗马假日》获得奥斯卡最佳女演员奖。她擅演清纯女性形象。赫本因演技精湛，曾3次获得英国电影艺术学院最佳女演员奖。20世纪60年代后，她常以联合国基金会亲善大使的身份出访贫困地区，从事人道主义工作。逝世后被追授奥斯卡奖的琼·赫肖尔特人道义特别奖。

← 美丽动人、高雅脱俗的英国著名电影演员奥黛丽·赫本

奥黛丽·赫本——人间的天使

■ 刻苦的工作态度

赫本从小就非常喜欢电影，梦想着成为一名电影演员。从她初入电影业到最后成为西方电影界家喻户晓的大明星，赫本对待电影工作始终都是非常认真的。她曾说："我从来不拥有什么天赋和才能，我崇拜我的工作，我尽了最大的努力。"是的，她一直以来的确是这样做的。在为《美人鱼》试装时，赫本为了让服装达到更完美的程度，在制作过程中她一站就是好几个小时，纹丝未动；在拍《修女传》时，赫本患了肾结石，但她没有卧床休息，仍然坚持工作；她曾在拍摄雨中戏时，一连淋好几个小时的雨；也曾为骑马而摔断椎骨……

正是因为赫本对待工作的这份刻苦和认真的态度，才使她的演技日益纯熟精湛，也得到越来越多的观众喜爱，甚至就连那些苛刻的影评家也对她推崇备至，授予她各种各样的电影嘉奖。人们对赫本这个名字越来越熟悉，喜欢看赫本演的每一个角色，同时她的片酬也日益攀升。1964年拍《窈窕淑女》时，她的片酬高达100万美元，

成为继主演《埃及艳后》的伊丽莎白·泰勒之后的第二个拿到百万片酬的女演员。

高雅而脱俗的气质

赫本容貌清秀脱俗，身材修长，气质高雅，堪称是世界影坛上难得一见的瑰宝。在观众心目中，她从不在摄影机前搔首弄姿，更没有裸露镜头和挑逗性的动作来取悦观众，洁身自好的品格，使她对色情电影嗤之以鼻。在西方影艺界，尤其是在好莱坞女明星中，赫本这种洁身自好的高尚情操是非常可贵的，她的美丽是永恒不变的！

▲
《罗马假日》中奥黛丽·赫本饰演的公主安与著名男星（也是赫本一生的朋友）格里高利·派克饰演的记者乔伊骑着自行车在罗马街头的剧照

该片是奥黛丽·赫本担纲女主角的第一部电影，她也因此片获得奥斯卡金像奖最佳女主角奖、金球奖最佳女主角奖。1999 年，美国国会图书馆将本片评为"文化杰出奖"，并收入"国家级收藏"。

荧屏公主的慈善行为

1953 年，奥黛丽·赫本以电影《罗马假日》中的公主安一角而荣膺奥斯卡最佳女主角。她高雅的气质与迷人的风采，令无数影迷为之倾倒。而她，并未在自己无比光鲜的荧屏角色中迷失。除了一部又一部堪称经典的作品问世，1988 年起，晚年的赫本更是以联合国儿童基金会（UNICEF）亲善大使的身份，忙碌于那些满是贫困的非洲及中南美洲地区，用自己的爱温暖那些需要帮助的贫苦儿童们，并为之奉献出了自己的余生。

身体瘦弱的赫本亲赴不少国家和地区，为孩子们呐喊、呼吁和募捐。她的爱心与人格犹如她的电影一样灿烂人间。

为表彰她为全世界不幸儿童所做出的努力，美国电影艺术和科学学院将 1988 年奥斯卡人道奖颁授她。1993 年，诺贝尔和平奖得主特雷莎修女获悉奥黛丽·赫本病危的消息时，命令所有的修女彻夜为奥黛丽·赫本祷告，祈求神灵希望能使她奇迹般地康复，祷告传遍世界各地。

1993 年 1 月 20 日，奥黛丽·赫本于瑞士特洛什纳的住所，因为盲肠癌病逝，享年 63 岁。

伊丽莎白·泰勒——"好莱坞的常青树"

伊丽莎白·泰勒（Elizabeth Rosemond Taylor, 1932—2011），美国好莱坞著名女演员。她曾两次荣获奥斯卡影后，有"好莱坞常青树"和"世界头号美人"之称，其代表作品有《战国佳人》《夏日痴魂》《埃及艳后》《灵欲春宵》等。她热心慈善事业，《帝国》杂志称她是"世界上最伟大女演员之一，但无疑是其中最美丽"。

▲ "好莱坞常青树" 伊丽莎白·泰勒

好莱坞星路

1932年2月，伊丽莎白·泰勒出生在英国伦敦。她的父亲在伦敦开办了一家画廊，母亲则是名舞台剧演员。受母亲的影响，泰勒自幼习舞，并在1942年凭借一部电影《每分钟出生一个》登上了银幕舞台，从此开始了她传奇的电影生涯。

12岁时，泰勒因主演《玉女神驹》引起轰动，成为一颗冉冉升起的童星。19岁时，她主演了《郎心如铁》，其美丽动人的形象深入人心，之后她以《战国佳人》《朱门巧妇》及《夏日痴魂》三部影片三度获得奥斯卡提名，1960年的《青楼艳妓》及1966年的《灵欲春宵》更是让她两度登上影后宝座。1963年，她在史诗大片《埃及艳后》中担任女主角，以100万美元的天价片酬成为当时片酬最高的女演员。

从童星到贵妇，伊丽莎白·泰勒的演艺生涯长达60余年。这个拥有德国、苏格兰、爱尔兰血统的女星一生参与拍摄电影55部，凭借其美丽的容貌、高雅的气质和精湛的演技，被影迷们称为是好莱坞黄金时代最后的巨星，有"好莱坞常青树"之称。

投身慈善事业

泰勒自1980年开始投身慈善事业。1985年，她举办的慈善宴会最后发展成为美国艾滋病研究会。1991年，她成立了伊丽莎白·泰勒艾滋病基金会，致力于预防和治疗艾滋病，可以说泰勒是艾滋病防治公益事业的先驱者。

为了筹集善款，泰勒不止一次拍卖她的珠宝。她曾拍卖前夫伯顿送她的价值不菲的"伯顿—泰勒钻石"，筹款在南非的博茨瓦纳建造医院。她还曾拍卖她与前夫的钻石翡翠订婚戒指为艾滋病慈善事业捐款。

2000 年，英国女王授予泰勒爵士勋章，以表彰她对电影事业做出的非凡贡献和她投身慈善事业、致力于防治艾滋公益事业的贡献。

■ 命运的捉弄

作为"世界头号美人"，泰勒却有着异常坎坷的婚姻生活和糟糕的身体状况。

泰勒一生有过 8 次婚姻，7 位丈夫，然而，这 8 次婚姻没有一次让她真正得到幸福。值得一提的是，泰勒曾与理查德·伯顿两次走过红地毯。她与伯顿在影片《灵欲春宵》的拍摄过程中生出了爱情的火花，于 1964 年步入婚姻殿堂。10 年后两人离异，一年后又重归于好，但这段婚姻最终仍以分手收尾。

上帝赐予了泰勒美貌、财富、成功，却吝啬给她幸福美满的婚姻。

泰勒步入晚年后身体状况渐差，长年被病痛所侵扰，患有脑瘤、肺炎、心脏病和脊柱侧凸等疾病。令人难以置信的是，她竟然在 25 年里动了上百次手术。她曾幽默地说："我进医院的次数，和一般人搭出租车一样频繁。"

泰勒与史宾塞·屈赛在《玉女于飞》(1950 年)中的剧照

2010 年 3 月，泰勒重病在身，她直言自己活够了，放弃了治疗。2011 年 3 月 23 日，泰勒因心脏衰竭在洛杉矶告别人世，享年 79 岁。

泰勒的儿子后来发表声明说："我的母亲这一生活到了极致，她的生命充溢着激情、幽默与爱。尽管她的离去让我们这些至亲至爱甚感悲痛，我们仍然会被她给这个世界孜孜不倦的贡献所感召。她在银幕上演绎的精彩篇章，她在商场上的睿智而行，她为防治艾滋病做出的英勇行为从未停止，都让我们感到无比骄傲。我们知道，这个世界才是母亲应该存在的地方。她的光辉不会消散，她的精神永远与我们同在，她的爱会一直活在我们的心里。"

斯人已逝。她的美丽人生不可复制。

小泽征尔——音乐教父

箴言

好乐队与坏乐队的最大差别在于好乐队的每个座位上的人都很重要。

小泽征尔（Seiji Ozawa），生于1935年，日本著名指挥家。生于中国沈阳。1959年在法国第九届贝桑松国际指挥比赛、伯克郡音乐节的指挥会演和卡拉扬主持的比赛中获奖。曾指挥过法国国立广播管弦乐团、纽约爱乐乐团及旧金山、加拿大、伦敦交响乐团和维也纳乐团等，后与波士顿交响乐团签订终身合同，任音乐指导兼指挥，并兼任新日本爱乐乐团的首席指挥。

■ 大胆的怀疑

小泽征尔是世界著名的音乐指挥家。一次他去欧洲参加指挥家大赛，在进行前三名决赛时，他被安排在最后一个参赛，评判委员会交给他一张乐谱。

小泽征尔以世界一流指挥家的风范，全神贯注地指挥一支具有国际水准乐队的演奏。

演奏中，小泽征尔突然发现乐曲中出现了不和谐的地方。他以为是演奏家们演奏错了，就指挥乐队停下来重奏一次，但仍觉得不自然。这时，在场的作曲家和评判委员会权威人士都郑重声明乐谱没问题，只是小泽征尔的错觉。

小泽征尔被大家弄得十分难堪。在这庄严的音乐厅内，面对几百名国际音乐大师和权威，他不免对自己的判断产生了动摇。但是，他考虑再三，坚信自己的判断是正确的，于是，大吼一声："不！一定是乐谱错了！"

他的喊声刚刚落下，评判台上那些高傲的评委们立即站起来向他报以热烈的掌声，并祝贺他大赛夺魁。

原来这是评委们精心设计的圈套，来试探指挥家们在发现错误而权威人士又不承认的情况下，是否能够坚信自己的判断。

前两位参赛者虽然也发现了问题，但受环境左右而放弃了自己的正确判断，只有小泽征尔相信自己的判断，不附和权威们的意见，从而获得了这次世界音乐指挥家大赛的桂冠。

■ 平易的本色

由于有在中国生活的经历，小泽征尔对中国的美食十分熟悉，而且非常喜欢。

有一次小泽征尔去上海访问，提出希望能品尝一下闻名遐迩的大闸蟹的愿望，主办方满足了他的要求，小泽征尔吃得津津有味，十分满意。不过，更多的时候，小泽征尔对饮食安排并没有什么特殊的要求，体现了这位世界级音乐大师的平易本色。1994 年，小泽征尔来到出生地中国辽宁省。在指挥辽宁交响乐团排练的间隙，他欣然接受部分辽宁音乐家的邀请，跑到宾馆附近的小酒馆里，与辽宁的音乐家们一起聚餐。

2000 年 9 月，小泽征尔到上海指导上海音乐学院的学生乐团排练，学院为他精心设计了菜单，但到了吃饭的时候，他坚决不肯进小包间，一定要跟学生们坐在一起吃饭。他提的要求很简单："给我上碗面条吧。"

■ 创造奇迹

1972 年，小泽征尔被聘担任波士顿交响乐团的常任指挥，波士顿交响乐团是世界一流的交响乐团，能够在这样的乐团里担任指挥，对于一位音乐家来说是无比荣幸的。小泽征尔通过自己的艰苦努力，终于登上了世界音乐高峰。

法国著名作曲家梅西昂用了 8 年的时间创作了大型歌剧《圣·弗朗索瓦·达西兹》，光是乐谱就有 3000 多页，相当于 8 册百科全书那么厚，重量达 25 千克，演出时间 6 个多小时（包括中间的两次休息）。

如此巨大的工程，需要指挥者有多么大的勇气才能应战啊，因为指挥者必须默记乐谱才能指挥演奏。可是，要记下长达 3000 多页的谱子，简直令人难以想象。然而，小泽征尔却神话般地完成了首场演出的指挥任务，创下了音乐界的一大奇迹。

帕尔曼——坐在轮椅上的小提琴巨人

小儿麻痹症毁掉了我的双腿，但不能影响我的双手！

伊扎克·帕尔曼（Itzhak Perlman, ），生于1945年，以色列著名小提琴家。他4岁时因患小儿麻痹症而造成终身残疾。1987年，他进入以色列爱乐乐团，1990年随以色列爱乐乐团到中国和印度开音乐会。其演奏准确灵巧，轻松自如，注重音乐处理的逻辑性，是一位极有名望的小提琴演奏大师，被认为是20世纪后期最出色的小提琴家之一。

▲ 1958年，埃德·沙利文在音乐会后对伊扎克·帕尔曼表示祝贺

■ 不幸的音乐天才

1945年伊扎克·帕尔曼出生于以色列特拉维夫，父母都是波兰人。在帕尔曼3岁半的时候，他就开始拉小提琴，可一年以后，他不幸患上小儿麻痹症致使双腿瘫痪。没有人知道，疾病到底是阻碍了还是激发了他的音乐天赋，人们只是看到，9岁的帕尔曼已经开始在音乐会上频繁演出，展现他的音乐才华了。尽管如此，还是有人认为，对帕尔曼来说，在这个竞争激烈、荆棘丛生的行业中生存下去实在是太难了。

但身体上的残疾并没有阻碍帕尔曼演奏水平的提高。他频频参加音乐会，人们也开始注意到了这颗乐坛新星。

帕尔曼13岁的时候应美国国家电视台邀请，到综艺节目《埃德·沙利文秀》中做客，这简直是天赐良机。之后，为了使帕尔曼与生俱来的音乐天赋得到更好的发挥，他们全家搬到了纽约。

刚到美国的时候，他和妈妈两个人在一家旅馆里住了一年，在这种艰苦的条件下，帕尔曼开始了在美国的求学生涯。

身体残疾的帕尔曼在求学道路上比常人付出了更多努力。他一周要去朱丽亚特音乐学院（如今更名为曼哈顿音乐学院）上三四次课。因为学院离住处较远，所以每次出门，他都得在小酒铺里的一个角落里等出租车。

那时候，沃尔多夫·阿斯托里亚酒店经常举办舞会，帕尔曼也成了这里的常客。人们在那儿吃完晚餐后就会说："好了，让我们来听一听年轻的帕尔曼给我们演奏《野蜂飞舞》。"这时，帕尔曼就走上临时搭建的舞台，听着服务员收刀叉的声音，开始拉奏他的《野蜂飞舞》。没有什么是比这更让人不快、更难办的事情了，因为那里是嘈杂的公共场合，帕尔曼必须努力去吸引听众的注意力，当时只有 14 岁的帕尔曼，就在这种恶劣的环境中坚持演奏了好几年。

后来，帕尔曼在卡内基音乐厅举行首演的时候，演奏就轻松多了。听众不再吃东西，喝鸡尾酒，也没有抱怨那些硬硬的面包卷。他们来这里就是为了听帕尔曼拉小提琴的，这对于他来说真的是一种乐趣和享受。多年的磨炼没有白费，帕尔曼在卡内基音乐厅的首演大获成功。他顺利地完成了在朱丽亚特音乐学院的学业，并获得利文特里特奖。

伊扎克·帕尔曼出神入化的演出

■ 用想象代替行动以满足自己的爱好

帕尔曼也有感觉受挫的时候，他没法儿玩篮球，没法儿去滑冰，实际上很多事情他都不能做。不过他有一套自己的处理办法，他是一个篮球迷，他会在头脑中想象在篮球场上跑来跑去的情景，很快就会心情舒畅了。

帕尔曼也很喜欢做教学方面的工作，因为在音乐会上演出时，在听自己的演奏时，他会问自己，为什么有的地方拉得不是太好呢？然后，心里又说，想一想自己是怎么教导学生的，现在照着做吧。事实证明，他这样做确实挺有帮助的。

对帕尔曼来说，小提琴不仅是件乐器，更是他身体的一部分，是他残缺躯体的最好慰藉。听着他弓弦间跳动的"魔鬼的颤音"，看着他面庞爽朗的笑容，赞叹着他精湛的技艺，谁又能把他与残缺联系在一起呢？帕尔曼——这个视音乐为生命的犹太人，用自己的行动为残疾一词做出了新的诠释。

艾金森——肢体喜剧大师

箴言

很多人认为我能在舞台上让他们发笑，那么也就能在现实中让他们发笑，其实，根本就不是那么回事。我本来是个相当安静，甚至有点乏味的人，只是碰巧成了演员而已。

○ 罗温·艾金森(Rowan Atkinson)，生于 1955 年，英国喜剧演员。他曾出演电视剧《黑爵士》及《憨豆先生》，并以憨豆先生的搞怪形象深入民心。他通过丰富的肢体动作与表情，淋漓尽致地表现了英国式的幽默，被认为是继卓别林之后的又一位幽默表演大师。

■ 艾金森的《憨豆先生》

1955 年，艾金森生于英国达勒姆郡，他的父亲是一个农场主，1945 年同艾金森的母亲结婚，并生有 3 个儿子，艾金森是最小的一个。艾金森从小接受英国国教信仰，大学期间，他学的是电气工程专业，在学校里还参加了一些俱乐部，经常和同学们演出各种剧目。大学毕业后，他继续参加演出，随着节目收视率的提升，艾金森也逐渐被大家所熟知。

1900 年，《憨豆先生》这部喜剧电视剧上映后，观众对艾金森演绎的憨豆形象给予了一致好评。剧中的憨豆先生是个"有一点笨拙，有一点幼稚，有一点思维迟钝，又有一点腼腆的家伙"，几乎都是靠"丰富的肢体动作"和"变化多端的表情"将剧情呈现给观众的，对白类的镜头极少。剧中憨豆的幽默内敛、出其不意和对生活情趣的触觉，已冲破语言障碍。一般人的喜剧都要笑中有泪，或笑中有针砭社会现实，而《憨豆先生》的笑中只有笑，没有政治，也没有批评社会，但一点都不令人觉得单调搞笑。

■ 伦敦奥运会开幕式上的"南郭先生"

2012 年 7 月 27 日的伦敦奥运会开幕式上，全世界喜剧迷们喜欢的憨豆先生突然亮相伦敦交响乐团中，精彩的无声演出引起全世界观众的爆笑。

伦敦交响乐团在现场演奏奥斯卡获奖电影《火的战车》中的经典旋律。憨豆先生作为一名伴奏者坐在伦敦交响乐队之中，他用一根指头按着琴键，表情一如既往地搞怪可笑，随即，单调的按键让憨豆先生有些无趣了，他开始了他那独有的英国式幽默。他先是扫视了一圈四周，随后又掏出手机不停地玩耍，这时，憨豆先生不禁打了一个喷嚏，他要去身后拿纸巾，但是由于离得太远拿不到，于是便从背后拿来一把雨伞。终于，憨豆用他特有的方式拿到了手纸，然后，他用擦过鼻子的废纸随手扔向他身边的队友。

接着，憨豆先生玩儿困了，慢慢地进入了梦乡，镜头切到了电影场景，重现了《火的战车》的画面，憨豆先生穿越到电影中，完全陶醉在自己的梦境里。当他醒来后，发现演出已经结束，他还在按着琴键，全场响彻着他一个人的按键声，乐队指挥家正在愤怒得盯着他。

如果说开幕式之前一直被严肃和温馨的气息笼罩，那憨豆先生的出现无疑是开幕式一个巨大的亮点。这一连串的表演使英国伦敦奥运会带给我们一种不一样的感受，在这次音乐与喜剧完美结合的表演中，憨豆先生也为我们上演了他别样的精彩。

■ 告别憨豆先生

现年已经 58 岁的艾金森，虽然五官还能犹如"橡皮"般伸缩自如，搞笑时的表情依然细腻，但是他已经宣布不再出演憨豆先生系列。艾金森认为自己已经老了，而憨豆先生是一个有着小孩思想的大人，"我总觉得憨豆先生是不老的永恒，而我却不是。年纪的增长让我觉得我很难再去演憨豆先生"。虽然艾金森不再演憨豆了，但是他塑造的那个搞怪的憨豆形象已经深入人心，很难有谁能够超越。

剧中可以娱乐无数观众的艾金森，生活中是不是也一样具有娱乐精神呢？

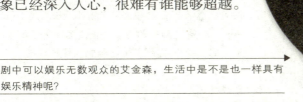

杰克逊——流行音乐之王

我持续跳着、跳着……跳着，跳到只剩下……舞蹈。

一代歌王、舞王，世界上最伟大的流行乐手迈克尔·杰克逊

■ 对音乐的痴迷

1958 年，迈克尔·杰克逊出生于美国中部印第安纳州加里市的一个黑人家庭中，家中共有兄弟姐妹 9 人，他排行老七，父母靠给别人打工赚些微薄的工资，家中生活非常拮据。

迈克尔·杰克逊从小喜欢音乐，擅长演奏电吉他，当时，他经常和一个小乐队演出，借此来赚些钱补贴家用。在他的影响下，他的几个兄弟也都爱上了音乐，父亲看到孩子们对音乐如此的痴迷，便给他们买来各种乐器，并安排他们到附近的夜总会进行演出。后来他们成立了"五兄弟乐队"，并开始频繁地登台演出。

■ 舞蹈天赋

迈克尔·杰克逊对舞蹈的喜爱如痴如狂，同时，舞蹈天赋也极强。在他 5 岁时就可以做出原地旋转 3 周的动作。他看

迈克尔·约瑟夫·杰克逊（Michael Joseph Jackson，1958—2009），在世界各地极具影响力的流行音乐歌手、作曲家、作词家、舞蹈家、演员、慈善家，被誉为流行音乐之王（King of Pop），他那魔幻般的舞步更是被无数明星效仿，成为世上公认的最受欢迎和最多支持者的艺人之一，也是吉尼斯世界纪录评鉴的"人类史上最成功艺人"。

过杰基·威尔逊和詹姆斯·布朗的表演后，就开始模仿他们的动作，后来在舞台上也经常表演杰基·威尔逊和詹姆斯·布朗的舞蹈；他和戴安娜·罗斯一起排练舞蹈的时候，总会让戴安娜·罗斯感到尴尬，因为他学舞蹈的速度太快了，戴安娜·罗斯还没学到一半时，迈克尔就已经能够熟练地跳出整个舞蹈了。

迈克尔·杰克逊精通的舞蹈有 10 多种，像踢踏舞、爵士舞、牛仔舞、桑巴舞、锁舞……当然，还有他那令无数人争相模仿的"月球漫步"（这种舞步并非杰克逊首创，而让它风靡全球的却是杰克逊），以及拥有个人发明专利的 45 度倾斜。

■ 慈善事业

迈克尔·杰克逊是世界上拥有歌迷最多的歌手，同时是一位杰出的慈善家和人道主义者。迈克尔·杰克逊不仅用歌声，而且用实际行动支持着慈善事业。

在迈克尔·杰克逊的慈善事业生涯中，他先后创办了"拯救世界基金会""拯救儿童基金会""杰克逊烧伤中心""杰克逊艾滋病救助中心""杰克逊有色人种教育基金会"。他为慈善事业捐款近 4 亿美元，独自支持了世界上 39 个慈善救助基金会，创世界吉尼斯纪录，多次得到"人道主义大奖"，并两次得到"诺贝尔和平奖"提名。

他还为慈善事业谱写歌曲。1985 年，

迈克尔·杰克逊和莱昂纳尔·里奇共同谱写《We are the world》（天下一家），由美国 45 位歌星联合演唱，昆西·琼斯负责制作，旨在声援向非洲饥民捐款的大型慈善活动"美国援非"。为救援非洲饥民而义卖的唱片筹集了 5000 万美金的捐款，解决了政治家喋喋不休却解决不了的难题，震撼了亿万人的心。

迈克尔·杰克逊还为世界和平，创作

迈克尔·杰克逊纪念邮票

了《Heal the world》（治愈世界）。为呼吁人们保护生态环境，创作了《Earth Song》（地球之歌）。

迈克尔·杰克逊谱写过多首慈善歌曲，还坚持每去一个地方，都要去当地的医院孤儿院去探望生病的孤儿们。他自己也收养了好几个孩子，给他们的都是最好的生活和教育。尽管有些慈善活动会给他带来麻烦，但他的爱心依旧一如往昔。

亚当·斯密——经济学理论之父

箴言

看不见的手是实现社会福利最大化的重要手段。

亚当·斯密（Adam smith，1723—1790）是经济学的主要创造者，他最具影响力的著作《国民财富的性质和原因的研究》（简称《国富论》）是第一本试图阐述欧洲产业和商业发展历史的著作，书中主张自由竞争，抨击重商主义，对英国经济政策曾起到过重大作用。

才华出众的亚当·斯密

■ 遗腹子

亚当·斯密出生在苏格兰伐夫郡的可可卡地，是个遗腹子。他的父亲是一位律师，还是苏格兰的军法官和寇克卡迪的海关监督，但是，在亚当·斯密出生前的几个月就去世了。

由于父亲早逝，母亲一直是亚当·斯密生活的重心。直到他长大成人后，还是像小时候一样，时常陪伴在母亲身边，甚至终身未娶，所以最了解亚当·斯密的人莫过于他的母亲。

■ 自言自语的怪癖

亚当·斯密从小就比其他同龄的孩子们瘦弱，并从很小的时候起就养成了自言自语的习惯，一生未改。他4岁时曾被一群吉卜赛人拐走，去向不明，直到一位绅士告诉亚当·斯密的家人在前方有个吉卜赛女人抱着一个哭闹不休、一直自言自语的孩子。他们闻言后便赶忙向前追去，那个吉卜赛女人看到有人追赶，就把孩子丢下逃走，于是亚当·斯密平安回到母亲身边。

■ 牛津大学的"非正式"毕业生

1740—1746 年，亚当·斯密曾在牛津大学求学，但牛津大学的毕业生名册上却没有他的名字。福斯特先生所著的《牛津毕业生》中仅记载亚当·斯密在牛津生活的琐事，却没有提到他毕业的事情；然而，根据罗杰斯教授对巴利澳尔学院食堂账簿所做的调查，亚当·斯密确实获得了牛津大学的学士学位，但不知是什么原因让这位毕业于牛津大学的学生未能出现在毕业生名册中。

■ 独自出神惹出的笑话

亚当·斯密是个非常有个性的人，他常常独自出神，所以常会做出些令人哭笑不得的事。有一次，亚当·斯密在达尔基思用餐，当时德契斯特勋爵的两个儿子也在场。大家都在尽兴地聊着关于德契斯特勋爵的领地和工作的事情，这时亚当·斯密突然插嘴问道："对不起，德契斯特勋爵到底是哪一位？我好像没有听说过他。"

亚当·斯密还担任过苏格兰海关税务员，虽然他责任心很强，但总不免被自己独自出神的习惯害得做出蠢事。有一天，亚当·斯密需要在公文上签名，但他不知神游到了何处，居然没有写自己的名字，而是模仿在他前面签名的海关税务员签下了人家的名字。

■ 现代经济学之父

1751—1764 年，亚当·斯密在格拉斯哥大学任教期间创作了《道德情操论》，该书一面市便获得了学术界极高的评价，而后他于 1768 年开始着手著述《国民财富的性质和原因的研究》，即《国富论》。亚当·斯密于 1773 年完成《国富论》，之后又花了 3 年的时间润饰此书。1776 年 3 月此书出版后，引起了广泛的讨论，除了英国本土，连欧洲大陆和美洲也为之疯狂。

《国富论》一书对于经济学领域的影响力如此之大，甚至可以说，是由于这本书的出现，经济学才得以成为一门独立的学科。亚当·斯密也因此书而声名大噪，被尊称为"现代经济学之父"和"自由企业的守护神"。

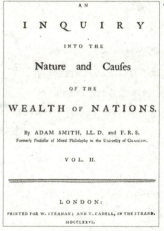

AN
INQUIRY
INTO THE
Nature and Causes
OF THE
WEALTH OF NATIONS.

By ADAM SMITH, LL. D. and F. R. S.
Formerly Professor of Moral Philosophy in the University of GLASGOW.

VOL. II.

LONDON:
PRINTED FOR W. STRAHAN; AND T. CADELL, IN THE STRAND.
MDCCLXXVI.

《国富论》一书第一版的扉页。《国富论》对"自由市场"进行了深入的阐述，以至于该书于 1776 年出版后，英国和美国都出现了许多要求自由贸易的声浪

在西方，该书甚至可以说是经济学领域所发行过最具影响力的著作，它的出版被后世的经济学家认定是"古典经济学"的开端，成为每个经济学者必读的书本。

安德鲁·卡耐基——美国钢铁大王

▲
位于美国国家肖像画廊内的安德鲁·卡耐基的照片，摄于1905年

箴言

朝着一定目标走去是"志"，一鼓作气中途绝不停止是"气"，两者合起来就是"志气"。一切事业的成败都取决于此。

安德鲁·卡耐基（Andrew Carnegie，1835—1919），20世纪初美国最成功的商人之一，美国商业精神的创立者。在美国"镀金时代"的大背景下，依靠个人奋斗兴办铁路、开采石油，并投身钢铁业，成为世界首富，美国工业发展史上的钢铁大王。他在欧美政坛呼风唤雨，发挥金钱的影响力，为和平事业做出巨大贡献。

■ 有一种勇敢叫放弃

卡耐基年轻时勤奋，有理想，他凭借自己出色的经商天赋，从一个小职员做到拥有数亿美元资产的钢铁大王。在18世纪末19世纪初，能够同卡耐基相提并论的也就只有石油大王洛克菲勒和银行之祖摩根，他们3人的财富几乎占全美的10%。

那个年代是出伟人的年代，而卡耐基就是伟人中的伟人，他是很多年轻人崇拜的偶像，他的财富是一座高不可攀的山峰。可是就在他事业最辉煌的时候，几位亲人相继去世，这使卡耐基深受打击，并且意识到，财富在这个世界上是多么脆弱。

卡耐基决定改变自己，要将他的财富全部捐献出去，去帮助那些有理想的青年，帮助那些没钱上学的孩子。他以低于市价的5亿美元价格将公司卖给了银行家摩根。当时，摩根听说卡耐基要贱卖公司，便不解地打电话给卡耐基，了解了事情的原委之后摩根第一次被感动了。

在卡耐基去世前，他共计捐献了4亿美元的资产，然后将剩下的1亿美元交给了拿破仑·希尔——后来的成功学鼻祖，让他更好地发挥自己的余热，为美国培养更多优秀的有理想的年轻人。

卡耐基放弃了金钱，获得了人们对他的敬仰，这份勇气不是谁都有的。

■ 为小兔们争取食物

卡耐基年幼时，家境贫寒，父母从英国移民美国定居，刚落脚时供不起卡耐基读书，卡耐基只能辍学在家。

有一次，别人送给卡耐基一只母兔，很快，母兔又生下一窝小兔。这下，卡耐基犯了难，因为他买不起饲料来喂养这窝兔崽。他左思右想总算想到了一个好办法。他请左邻右舍的小孩子都来参观这些活泼可爱的小兔子。他知道小朋友们和他一样，都非常喜欢小动物，聪明的卡耐基就在大家乐此不疲地同小兔们玩耍时趁机宣布，谁愿意拿饲料喂养一只兔子，这只兔子就可以用这个小朋友的名字命名。小朋友齐声欢呼赞同卡耐基的"认养协议"。于是，小兔子们都有了自己好听的名字，小朋友们也都很开心，卡耐基担忧的饲料难题也迎刃而解。

▲ 16 岁的安德鲁·卡耐基和弟弟托马斯·卡耐基

■ 把名声送给别人

童年趣事给卡耐基带来启发：人们珍惜爱护自己的名字，而不务虚名者得到巨大的实际利益。卡耐基从小职员做起，通过自身顽强的努力，成了一家钢铁公司的老板，但是，儿时的情景总会时不时地在他脑海中重现。为竞标太平洋铁路公司的卧车合约，卡耐基与商场老手布尔门的铁路公司掰手腕，双方为投标成功，不断削价比拼，结果已跌到无利可图的地步，彼此还咽不下这口气。真是"冤家路窄"，一天在一家旅店门口，卡耐基竟然碰见了布尔门。他微笑着伸出手，主动向布尔门招呼："我们两家如此恶性竞争，真是两败俱伤啊！"

接着，卡耐基坦诚地表示：尽释前嫌，合作奋进。布尔门被卡耐基的诚挚所打动，气消了一半，不过还是对合作奋进缺乏兴趣。

卡耐基对布尔门不肯合作的态度感到纳闷，一再追问原因，布尔门才狡黠地问："合作的新公司叫什么名字？"

哦，原来布尔门是为了"谁是老大"而劳神！卡耐基想起儿时养兔子之事，脱口而出："当然叫'布尔门卧车公司'啦！"

布尔门简直不敢相信自己的耳朵，又向卡耐基确认了一遍，得到了肯定答复。于是，两人冰释前嫌，强强联手，签约成功，双方从中大赚一笔。

洛克菲勒——资助慈善的石油大王

▲ 传奇人物约翰·戴维森·洛克菲勒

我们的命运由我们的行动决定，而绝非完全由我们的出生决定。

约翰·戴维森·洛克菲勒（John Davison Rockefeller, 1839—1937），美国著名实业家、慈善家。1870 年，洛克菲勒创立了标准石油，在当时石油市场混乱的局势下，垄断了全美 90% 的石油市场，成了美国历史上第一位亿万首富。晚年，他将自己大部分财产捐出，资助慈善事业。他还塑造了慈善事业现代化结构，成立了洛克菲勒基金会，成为美国近代史上最富传奇色彩与争议性的人物之一。

卓越的经商才能

1839 年，洛克菲勒出生于纽约州哈得逊河畔的一个小镇，他父亲是一个卖假药的江湖郎中，洛克菲勒和父亲的关系并不和谐。虽然父亲不是一个正直的人，但是他身上那种自信、好冒险、精明的个性还是对洛克菲勒有感染力的，也为他后来在经营石油工业方面起到了不可小觑的作用。洛克菲勒的母亲是一位浸信会教徒，她一生勤俭、善良而守信用，这些品德对洛克菲勒日后的成功也产生了莫大的影响。

1855 年，洛克菲勒中学毕业，他果断地放弃了继续升学的机会，选择进入商界谋生。他曾在一家经营谷物的商行做会计办事员，工作刻苦认真，深受老板的赏识。后来，他凭借自己经商的天赋和果断的处事态度为公司获得了巨额的利润，一时间，洛克菲勒成为当地家喻户晓的小商业天才。

洛克菲勒 19 岁时成立了他生平所办的第一家公司，由于公司经营顺利，他第一年就净赚 4000 美元，到第二年年底净赚额达 1.2 万美元，洛克菲勒分得 6000 美元。

■ 高瞻远瞩的投资目光

1859 年，美国宾夕法尼亚州的人们发现了第一口石油井，紧跟其后的是，无数宾夕法尼亚州人疯狂地投身到了开采石油之中，一时间，整个宾夕法尼亚州随处可见井架林立的景象，原油产量也在飞速地上涨。面对石油市场如此好的势头，洛克菲勒没有被这一切冲昏头脑，他冷静地来到石油产地进行考察。在盲目开采石油的现场，他发现了繁荣后面所隐藏的危机，他认为这么庞大的一个队伍去开采石油，石油的价格必定会下跌，"想要真正赚到大钱，不是去开采石油，而是应该去炼油"。

事实证明，洛克菲勒的判断是正确的，几年后，石油价格果然暴跌，炼油的速度远不及开采石油的速度，此时，许多钻油商为了避免破产不得不贱卖石油。洛克菲勒等待已久的机会来了，他迅速办理了大额贷款，与克拉克共同投资4000 美元，和一个在炼油厂工作的英国人安德鲁斯合伙开设了一家炼油厂。

洛克菲勒的石油公司经营还算比较理想，但是面对石油业秩序混乱的市场，洛克菲勒清醒地认识到，只有把自己的公司壮大了，才有可能抵得住石油市场上枪林弹雨般的竞争冲击。他说服自己的弟弟威廉加入，并建立了第二家炼油公司，派弟弟去纽约经营石油进出口贸易，尽快打开欧洲市场的大门。得益于他们的努力和洛克菲勒深谋远虑的投资目光，最终洛克菲勒的石油公司走向了国际市场，垄断了全美 90% 的石油市场，洛克菲勒也成为美国历史上的全球首富。

■ 慷慨的慈善家

洛克菲勒的母亲是一位善良而虔诚的浸信会教徒，从小教育洛克菲勒要做一位有爱心的人。从拿到第一份工资开始，洛克菲勒就固定将每月工资的 1/10 捐献给教会，直到他去世。随着他日后财富的增加，这份捐助也变得越来越多。

1897 年之后，年岁已大的洛克菲勒开始逐渐退出商场，把工作重心放到了慈善事业上。他在1913 年 5 月设立了洛克菲勒基金会，主要赞助医疗和教育两大方面，截止到 20 世纪 20 年代，洛克菲勒基金会已成为世界上最大的慈善机构。洛克菲勒一生共为慈善事业捐献 5.3 亿美元，为美国乃至全球的慈善事业做出巨大的贡献。

知识链接

▶浸信会

基督新教的主要宗派之一，它产生于17 世纪上半叶英国以及在荷兰的英国流亡者中，当时属清教徒中的独立派。它反对给儿童行洗礼，主张教徒成年后方可受洗，且受洗者须全身浸入水中，称为"浸礼"，因此得"浸信会"的名字。

普利策——报业大王

箴言

倘若一个国家是一条航行在大海上的帆船，新闻记者就是船头的守望者，他要在一望无际的海面上观察一切，审视海上的不测风云和浅滩暗礁，及时发出警报。

约瑟夫·普利策（Joseph Pulitzer，1847—1911），匈牙利裔美国人。普利策是美国著名的资产阶级新闻家、报刊编辑和出版者，他先后购买和创办了《西方邮报》《圣路易斯快邮报》和《纽约世界报》，并对这些报纸进行了一系列的改革，使其成为美国名副其实的大报。他是美国大众报刊的标志性人物，是普利策奖和哥伦比亚大学新闻学院的创办人。

■ 父亲的教育

1847 年，普利策生于匈牙利一个叫马口的小镇，普利策是匈牙利裔美国人，他的父亲是一位犹太谷物商，一直特别重视对孩子的教育。因此，普利策自幼就受到了良好的学校教育，以及良好的德文和法文训练。

在他 17 岁的时候，父亲不幸病故，母亲改嫁。由于普利策和继父的关系很不融洽，为此他决定离开这个压抑的生活环境。普利策从小就特别崇拜拿破仑，立志要成为一名英勇的军人。现在他离开了家乡，离开了亲人，想要去实现他一直以来当兵的梦想。

▲ 著名报业大王普利策

■ 坚苦的军人生涯

当兵的生活就这样开始了，军队的纪律是非常严格的，这对于没有受过正规训练的普利策来说无疑是一种折磨。有一次在上司训话时，他忍不住出言顶撞，差点为此送了性命。1865 年 5 月 23 日，美国南北战争结束了，与此同时他的军旅生涯也宣告结束。

战后的纽约，到处都是找不到工作的退伍军人，普利策为了谋生去了美国中部人口聚集的城市圣路易斯。在这里，他先后当过船台的看守、舱面水手、饭店侍者等。但是，即便是在这样艰辛，甚至自己的温饱都成问题的时候，普利策仍然坚持学习英文和阅读书籍。

■ 报界天才

在圣路易斯，几乎没有人不知道艾米尔和苏兹的，他俩共同拥有一家圣路易斯《西方邮报》。一次偶然的机会，普利策结识了他们，当普利策无意中提起自己的种种经历时，苏兹意识到，他就是他们想要的那种记者：阅历丰富，见多识广，聪明能干。就这样，普利策开始了自己的记者之路。

普利策在自己记者的生涯中，下笔快而且不浪费一分一秒时间，因此他的新闻报道特别多。他报道的内容贴近民生，深受市民喜爱。自从普利策加入《西方邮报》的记者队伍，《西方邮报》的销量便直线上升。普利策凭借着自己敢言别人不敢言的报道，敢写别家不敢写的社会性文章，一时成为家喻户晓的风云人物。

这段勇敢而艰辛的记者经历为他以后的新闻工作奠定了扎实的基础。之后，普利策购买了圣路易斯的一家老报《圣路易斯快报》，为了改变它的面孔普利策把它的名字改为《圣路易斯快邮报》，还购买了一家《世界报》，这两家报纸的创办成功让普利策挣了一大笔钱。普利策晚年时，自己筹划并出资盖了一座高 20 层的《世界报》大厦，1890 年这座大厦完工后，成了当时纽约最高的一座大楼。

■ 新闻工作者的最高荣誉

普利策在遗嘱中规定普利策奖主要包括 4 项新闻奖、4 项文学艺术奖、1 项教育奖和 4 项学术奖。自从普利策奖设立以来，它的影响越来越大，目前，普利策奖中已包括 14 项新闻奖和 7 项文学艺术奖，该奖自 1917 年以来每年颁发一次。

每年有两千多件入选作品参加普利策奖的竞争，但通常只颁发 21 个奖项，其中 14 项是新闻奖。美国普利策奖的奖金为 7500 美元，但获得公众服务贡献奖的报道不得奖金，而将得到一枚普利策金牌。

普利策奖象征了美国最负责任的写作和最优美的文字，特别是新闻奖，更是美国新闻界的最高荣誉。每一个希望有所作为的美国记者无不以获得普利策新闻奖作为奋斗的目标。

各种各样的报纸已经成为人们生活中必不可少的信息源 ——→

顾拜旦——现代奥林匹克之父

▲ 为现代奥林匹克事业做出突出贡献的顾拜旦

箴言

奥运会最重要的事情是参与，而不是获胜。

顾拜旦（Pierre de Coubertin，1863—1937），法国著名教育家、近代奥林匹克运动的创始人。顾拜旦在复兴奥林匹克运动的过程中，对学生教育方面和社会竞技运动方面做出杰出贡献，被誉为"奥林匹克之父"。他把奥林匹克运动发展成了世界规模性的体育盛会，他倡导的奥林匹克精神传遍了全球。

■ 献身奥林匹克

顾拜旦出生在法国巴黎一个信仰天主教的贵族家庭，父亲是一个保皇派官僚，母亲从事慈善事业，是一位虔诚的教徒。顾拜旦是家中最小的一个孩子，从少年时代起，他就对体育有着广泛的兴趣，喜爱拳击、划船、击剑和骑马等多项运动。他从小聪明伶俐、勤奋好学，入学后因为敬佩博学多才的修辞学老师卡龙神甫的缘故，他对文史课程也产生了浓厚的兴趣，并饶有兴味地研究了古希腊的灿烂文化。

中学毕业后，顾拜旦先入军事学院就读，继而攻读教育。为求深造，他又前往英国留学，在那里，他潜心研究了英国教育史。

阿诺特曾经说过，运动是青年自我教育的一种活动。这句名言在顾拜旦的心灵中擦出了致力于体育教育的火花。当时，他还考察了英国教育和体育的现状，对那里学校的体育课、课外体育活动和经常性的郊游十分赞赏，他也希望在法国各学校中也能设置体育课，培养学生集体主义精神和刻苦锻炼、强健体魄的习惯。那时，他对法国在1870年的普法战争中的失利深感痛心，希望通过改革教育，增强民众体质，振兴法国。

顾拜旦在复兴奥林匹克运动中遇到了重重困难，可他对体育事业的那份执着却从没动摇过。

经过顾拜旦及其同事们的多年努力和精心筹备，"恢复奥林匹克运动会代表大会"于1894年6月18日至24日在巴黎胜利召开，来自12个欧美国家的79名正式代表参加了会议。在这次历史性的会议上，与会者一致通过恢复奥林匹克运动的宪章，确定了现代奥运会的宗旨，成立了奥运会永久性的领导机构——国际奥林匹克委员会。希腊著名诗人泽·维凯拉斯被选为第一任主席，顾拜旦当选为秘书长。会议还决定，第一届现代奥运会于1896年4月在希腊举行，以后每4年举行一次。

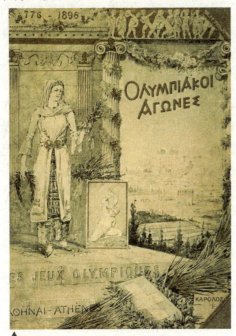
第一届夏季奥林匹克运动会纪念海报

1896年，第一届奥运会险些因经费困难而流产，顾拜旦亲赴雅典，拜会首相和王储，日夜奔波想尽办法，终于使奥运会顺利举行。第二届巴黎奥运会，又遇世博会同时举办，两者产生冲突。顾拜旦被迫辞职，还多次遭到讥笑和唾骂，但他忍辱负重，从未气馁。

他从1883年20岁时就开始了复兴奥运会的工作，直到他1937年9月2日逝世，整整为奥林匹克运动奋斗了54年。

国际奥林匹克委员会第一任主席维凯拉斯

顾拜旦原则性很强，他坚持奥运会是属于世界的，应该在全世界不同城市举办，而希腊人则认为，奥运会是属于希腊的，雅典应是奥运会永久举办地。而正是由于顾拜旦的坚持才使奥运会有今天的辉煌。

桑德斯——肯德基的创始人

哈兰德·大卫·桑德斯（Harland David Sanders，1890—1980），又译山德士，是肯德基（KFC）的创始人。桑德斯的形象一直用在肯德基的外包装上，并且已经成为肯塔集团的一个商标。肯德基是世界上最大的炸鸡快餐连锁企业，在世界各地拥有超过15000 家的餐厅，并且以桑德斯形象设计的肯德基标志，已成为世界上最出色、最易识别的品牌之一。

箴言

人们因闲散而生锈者比精疲力竭者多，如果我因闲散而生锈过，我会下地狱。

▲ 年轻的桑德斯上校——KFC 创始人

■ 年幼退学

1890 年，桑德斯出生在美国印第安纳州亨利维尔附近的一个普通小村庄，虽然家境并不富足，但一家人其乐融融。在桑德斯 6 岁那年，不幸降临了，他的父亲去世，留下了母亲和 3 个孩子艰难度日。

为了生活，母亲在外头接了很多活计来做，她白天要去食品厂给人家削土豆，晚上还要帮人缝衣服，没日没夜的辛劳工作使母亲根本没有时间去照料家中的孩子们。桑德斯从小就特别懂事，他能体会得到母亲的艰难，为了给母亲减轻负担，小小的桑德斯便毅然挑起了照顾弟弟妹妹的重任。白天母亲不在家，小桑德斯要为弟弟妹妹们做饭，每天都如此，一年过后，他竟然学会做 20 多道菜，成了远近闻名的烹饪小能手。

在桑德斯 12 岁那年，母亲选择了再嫁，而桑德斯和继父的关系却并不融洽，家里沉闷、压抑的氛围，让他完全没有学习的环境。在桑德斯读 6 年级的时候，他放弃了学业，决定去工作，寻找一个崭新的环境。他先是去了一家农场做工，虽然辛苦，但至少可以维持个人温饱。此后，他换过无数种工作，可以说什么活儿都尝试过，做过粉刷工、消防员，卖过保险，还在古巴当过一段时间的兵。

■ 加油站里的小厨房

时间一晃而过，桑德斯已经 40 岁了，但是他的事业依然没有什么起色。这一年，他经过考察在肯塔基州的一处地方开了一家可宾加油站。后来他发现来此加油的顾客大部分都是长途跋涉而来，经常饥肠辘辘。为了满足这些人的需求，他又在这里

开了一家小饭馆，主要做些方便食品和家常饭菜。

营业不久，生意就非常火爆，来往加油的人每天都很多。这时候，桑德斯又萌生了一个想法，他想在这里推出自己的特色食品，也就是后来闻名于世的肯德基炸鸡的雏形。

桑德斯的炸鸡由于味道鲜美、口味独特，很快就受到了顾客们的热烈欢迎，客人们都交口称赞，甚至有的人来此不是为了加油，而是特意来吃可宾加油站的美味炸鸡。到了1935年，桑德斯的炸鸡已闻名遐迩。

■ 被拒绝了 1009 次

"二战"的爆发让桑德斯受到了沉重打击，政府实行石油配给，加油站被迫关门，随后，由于新建横跨肯塔基的高速路穿过桑德斯的饭店，饭店被迫关门。这突如其来的变故把桑德斯推向了深渊，为了偿还债务，他用光了所有的银行存款。

桑德斯明白，他拥有的最有价值的东西就是炸鸡，他决心要把炸鸡方法推广出去。他到每一家饭店门口表演炸鸡，如果他们喜欢，就卖给他们特许权，提供作料，并教他们炸制方法。桑德斯的宣传工作做得很艰难，整整两年，他被拒绝了 1009 次，终于在第 1010 次时，得到了店老板一句"好吧"。在桑德斯的努力下，他的想法终于被越来越多的人接受了。

1952 年，盐湖城第一家被授权经营的肯德基餐厅建立了，这是世界上餐饮加盟特许经营的开始。紧接着，让人们更为惊讶的是，桑德斯的业务像滚雪球般越滚越大，在短短 5 年内，他在美国及加拿大已发展了 400 家的连锁店。

肯德基以"特许经营"作为一种有效的方式在全世界拓展业务，有了桑德斯的"特许经营"，今天的肯德基才会是全球最大的炸鸡连锁集团。

1980 年，桑德斯因白血病不幸病逝，享年 90 岁。虽然他离去了，但是他辛苦创立的炸鸡事业给肯塔基州带来永恒的魅力，人们可能不知道美国地理上的肯塔基州，但他们不会不知道炸鸡肯德基的名字。桑德斯用一只鸡，改变了人们的饮食世界。

桑德斯在肯塔基州开发肯德基餐厅

欧文斯——奥运场上的黑色闪电

箴言

在体育运动中，人们学到的不仅仅是比赛，还有尊重他人、生活伦理、如何度过自己的一生，以及如何对待人类的同类。

杰西·欧文斯（Jesse Owens，1913—1980），美国田径运动员，擅长短跑、跳远，是现代奥运史上最辉煌的田径明星之一。在 1936 年第十一届奥运会上，获 100 米跑、200 米跑、跳远和 4×100 米接力赛 4 枚金牌。1955 年为美国国务院负责体育运动的大使级官员。曾获国际奥委会颁发的奥林匹克银质勋章。

■ 卑微的赛手

1913 年，欧文斯出生于美国南方亚拉巴马州的一个棉农之家，他在家里兄弟姐妹中排行老七。因为家境贫困，欧文斯在 7 岁时就帮父母干起了体力活，过度劳累让他从小就遭受支气管炎和肺炎等各种疾病的折磨。欧文斯从小很有运动天赋，喜欢足球和橄榄球。在他 9 岁时，父亲为了谋求一份好工作，带着全家迁往克利夫兰市，这也让欧文斯有了从事体育运动的机会。但迫于家境清贫，他选择了不需购置运动器材的跑跳项目。

欧文斯凭借着出色的跑跳成绩，成功地敲开了俄亥俄州立大学的校门，在大学里他接受著名教练 L. 斯尼特尔的教导，获得了系统的训练。但 1933 年的美国被种族隔离制度的阴霾所笼罩。田径场上，L. 斯尼特尔教练为欧文斯热情呐喊；走出田径场，欧文斯却受到迥然不同的待遇：欧文斯与其他黑人学生只能住在校外；外出时，他们被隔离在"黑人食宿区"；还被剥夺了乘坐电梯的权利。除此之外，由于种族的不公平待遇，欧文斯没能拿到全部奖学金，为减轻家庭负担，他不得不利用课余时间继续挣钱。

■ 永不磨灭的运动员精神

1936 年柏林奥运会上，欧文斯代表美国队参加了这次运动会，德国派出杰出跳远选手卢茨·朗参加这次比赛。赛场上，欧文斯显得尤为紧张，在两次跳板

杰西·欧文斯在 1936 年柏林奥运会上勇夺 4 枚金牌

中都发挥失常，只剩最后一跳了，他有些失去信心。这时对手卢茨·朗向他走了过来，用他那不流利的英语和露齿的笑容让杰西·欧文斯放松了全身紧绷的神经。

▲ 1936年奥运会领奖台上的欧文斯（摄影：Hoffmann）

卢茨·朗告诉欧文斯最重要的是取得决赛的资格，并且毫不吝啬地指点了一个小诀窍，"跳板前，你取下自己的毛巾放在起跳板后数英寸处，从那个地方起跳就不会偏失太多了"。欧文斯照做了，结果，那一跳的成绩几乎破了奥运纪录。

几天后的决赛，卢茨·朗打破了世界纪录，但随后杰西·欧文斯以更加优异的成绩胜了卢茨·朗，最终夺得金牌。

场中一片雀跃，此时，卢茨·朗举起欧文斯的手高声喊道："杰西·欧文斯！杰西·欧文斯！"看台上人们一阵沉默之后，忽然齐声高呼："杰西·欧文斯！杰西·欧文斯！"等观众刚刚安静下来后，欧文斯又举起卢茨·朗的手，声嘶力竭地喊道："卢茨·朗！卢茨·朗！卢茨·朗！"全场观众也同声响应。

多年后，当欧文斯回忆起那次振奋人心的比赛时说："是卢茨·朗帮助我赢得了那4枚金牌，而且也是他让我体会到了，单纯而充满关怀的人类之爱，是真正永不磨灭的运动员精神。"

■ 凯旋后的人生

柏林奥运会后，欧文斯选择了返回美国发展自己的个人事业，这引起美国体育官员的强烈反对，但是欧文斯没有改变自己的意志，他想做一个普通人，追求属于自己的东西。最后美国体育界取消了欧文斯代表美国参加比赛的资格。

没有了比赛机会，欧文斯和其他黑人运动员一样，没有逃脱失业的命运。为了生计，他不得不屈辱地和汽车、摩托车甚至跟马赛跑，生活十分窘迫。在绝望中，命运终于出现了逆转，进入20世纪50年代后，他被选为美国友好形象大使，并多次作为奥林匹克运动的使者活跃在国际体坛上，为发展奥林匹克运动做出了杰出的贡献。1976年，国际奥委会授予他银质奥林匹克勋章。5大洲20家著名报刊也评选他为"20世纪世界最佳运动员"。

1980年，由于多年来过度地吸烟，欧文斯最终因肺癌在亚利桑那州图森逝世，享年66岁。

沃尔顿——零售巨头

箴言

如果要我从我的生活中挑选一个使我与众不同的特点，那就是对竞争的热情。这种热情激励我不断前进，继续巡视各商店，或盼望着另一个商店开张，或盼望着参加一次我亲自发起的促销活动——诸如推销一个小鱼缸或一个热水瓶或一个床垫或一大包糖果。

山姆·沃尔顿（Sam Walton，1918—1992），美国著名企业家，曾经的世界首富，获布什总统颁赠的自由奖章，世界最大的商业零售企业（按营业额计算）沃尔玛超市的创始人。1945年，沃尔顿开办了他的第一家廉价便民商店，从此开始了他的零售业生涯。1962年，他创办了第一家沃尔玛购物中心。1990年，沃尔玛成为全美最大的零售商。2001年，沃尔玛成为按营业额计算世界上最大的商业零售企业。

▲ 沃尔玛购物中心的创始人山姆·沃尔顿

◀ 沃尔玛公司的标识。沃尔玛仍然是一个家族企业，其控股人为沃尔顿家族，拥有沃尔玛48%的股权

■ 不要让瑕疵影响一生

沃尔顿的父亲是一名贫穷的油漆工，靠着微薄的打工收入供沃尔顿念完了高中。这一年，他有幸被美国著名学府——耶鲁大学录取，却因缴纳不起昂贵的学费，而面临着辍学的危险。于是，他决定利用假期，像父亲一样外出做油漆工，以期挣够学费。

他到处揽活，终于接到了一栋大房子的油漆任务。房子主人是个很挑剔的人，不过给的工钱不低，挣到了这笔钱，不但能让沃尔顿缴清这一学期的学费，甚至连生活费也都有了着落。

这天，眼看着油漆任务即将完工了，沃尔顿将拆下来的橱门板进行最后一遍的油漆，只等橱门板刷好后，再支起来晾干就可以圆满的收工了。但就在这时，门铃突然响了。

沃尔顿赶忙去开门，不巧绊倒了一把扫帚，绊倒了的扫帚又碰倒了一块橱门板，而这块橱门板又正好倒在了昨天刚刚粉刷好的一面雪白的墙壁上，墙上立即出现了一道清晰可见的漆印，沃尔顿立即动手把这条漆印用切刀切掉，又调了些涂料补上。

等到墙壁被风吹干后，他左看右看，总觉得新补上的涂料颜色和原来的墙壁不一样。想到那个挑剔的主人，为了那即将到手的酬劳，他觉得应该将这面墙再重新粉刷一遍。他抓紧时间粉刷，在太阳落山之前总算是把活干完了。可第二天一进门，他又发现昨天新刷的墙壁与相邻墙壁之间的颜色出现了一些色差，而且仔细看去，越看越明显。最后，他决定将所有的墙壁都重新刷一遍……

那位挑剔的主人过来验收的时候，对沃尔顿粉刷的墙壁非常满意，并爽快地付足了他的酬劳，但是这些钱除去涂料费用，就已经所剩无几了，根本不够交学费的。屋主的女儿不知从什么渠道知道了事情的原委，便将事情的经过告诉了她的父亲，她父亲知道后很是感动，在女儿的要求下，同意赞助沃尔顿上完大学。

大学毕业后，沃尔顿不但娶了这个屋主的女儿为妻，而且走进了这个主人所拥有的公司。10多年以后，他成了这家公司的董事长，他就是如今拥有世界500多家沃尔玛零售超市的富商——山姆·沃尔顿。

■ 善于用人，关心下属

沃尔顿成功的因素之一是善于用人，他不断地搜罗人才，不惜高薪聘用，有的职员年薪甚至高达50万美元。他要求自己与每个职员都要发挥出110%的潜力和能力，并不停地驱使自己和职员努力工作。

沃尔顿一直坚持学习，努力精通业务，并且从不忽视竞争对手，尤其注意吸取对手的成功经验，并根据实际不断地调整、改进自己的经营策略。沃尔顿是一个工作狂，每天工作时间达十多小时，对工作追求完美；永远乐观，总是微笑。虽贵至首富，但沃尔顿待人谦虚、真诚。他强调要关心下属，与他们同甘共苦，他认为沃尔玛大家庭的发展壮大，靠的是集体的努力而并非个人。

乔·吉拉德——世界吉尼斯汽车销售冠军

箴言

我相信推销活动真正的开始在成交之后，而不是之前。

乔·吉拉德（Joe Girard），生于1928年，世界上最伟大的销售员，连续12年荣登世界吉尼斯纪录大全世界销售第一的宝座，所保持的世界汽车销售纪录——连续12年平均每天销售6辆车，至今无人能破。他还是全球最受欢迎的演讲大师，曾为许多世界500强企业的精英传授经验。

■ 人生需要学会自信

乔·吉拉德出生在美国一个贫民窟，由于家境贫困，他9岁的时候就上街去给人擦皮鞋挣钱以补贴家用，高中还没念完就辍学了。他的父亲对他很失望，觉得他根本不可能有什么成就。但他有一个伟大的母亲，母亲时常会告诉乔·吉拉德："乔，你应该去证明给你爸爸看，向所有人证明，你能够成为一个了不起的人，你要相信这一点，人都是一样的，机会在每个人面前，你不能消沉，不能气馁。"母亲的鼓励重新坚定了他的信心，燃起了他想要获得成功的欲望。

35岁以前，乔·吉拉德是个全盘的失败者，他患有相当严重的口吃，换过40多个工作仍一事无成，35岁那年，乔·吉拉德破产了，负债高达6万美元，为了生存下去，他走进了一家汽车经销店。短短3年之后，乔·吉拉德竟然从一个不被看好，而且背了一身债务几乎走投无路的人，成为被吉尼斯世界纪录所认可的"世界上最伟大的推销员"。

■ 用心听人说话

有一次，某位名人来向乔·吉拉德买车，乔·吉拉德给他推荐了一种最好的车型，那人对车很满意，并掏出10000美元现钞。眼看就要成交了，对方却突然变卦而去。

乔·吉拉德为此事懊恼了一下午，百思不得其解，到了晚上11点，他忍不住打电话给那位名人："您好！我是乔·吉拉德，今天下午我曾经向您介绍一部新车，眼看您就要买下了，我搞不懂您为什么却突然走了。"

"喂，你知道现在是什么时候吗？"

"非常抱歉，我知道现在已经是晚上 11 点了，但是我检讨了一下午，实在想不出自己错在哪里了，因此特地打电话向您讨教。"

"真的吗？"

"肺腑之言。"

"很好！你在用心听我说话吗？"

"非常用心。"

"可是今天下午你根本没有用心听我说话。就在签字之前，我提到我的儿子吉米即将进入密执安大学念医科，我还提到吉米的学科成绩、运动能力以及他将来的抱负，我以他为荣，但是你却毫无反应。"

这位名人的一席话让乔·吉拉德豁然开朗，他知道了自己的不足，体会到了顾客的每句话都要用心去听，每一次销售都不要急于求成，要把握好每个细节。先要让客户喜欢你、信赖你，才有可能去购买你的产品。乔·吉拉德对这次失败的销售谨记心上，从此再没犯过相同的错误。

维护潜在客户的艺术

乔·吉拉德认为所有已经认识的人都是自己的潜在客户，对这些潜在客户，他每年大约要寄上 12 封广告信函，每次均以不同的色彩和形式投递，并且在信封上避免使用与他行业相关的名称。不要小看这几张小贺卡，它们所起的作用并不小。不少客户一到节日，往往会问夫人："过节有没有人来信？"这样一来，每年就有 12 次机会，使乔·吉拉德的名字在愉悦的气氛中来到每个家庭。

乔·吉拉德从没说一句"请你买我的汽车吧"，但这种不讲推销的推销，反而给人们留下了最深刻、最美好的印象，等到他们打算买汽车的时候，往往第一个想到的就是乔·吉拉德。

乔·吉拉德认为推销是一个连续的过程，成交既是本次推销活动的结束，又是下次推销活动的开始。他在每次成交之后，仍然会继续关心每一位顾客，这让他不仅赢得了老顾客的信赖，而且吸引了更多的新顾客，从而使生意越做越大，客户越来越多，最后成为世界销售界的传奇人物。

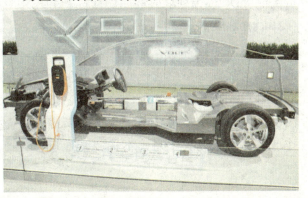

1963—1978 年间，乔·吉拉德总共推销出 13001 辆雪佛兰汽车，此图为雪佛兰汽车的分解模型

贝利——足球之王

我为足球而生，就像贝多芬
为音乐而生一样。

贝利凭借其高超的球技获得了"球王"
称号。而有趣的是，从 1990 年世界杯开
始，每届世界杯球王贝利都会做出预测，
但被他看好的球队无一例外地提前被淘
汰掉了，因此球王贝利获封"乌鸦嘴"

埃得森·阿兰德斯·多·纳西门
托，KBE（葡萄牙语为 Edison Arantes
do Nascimento），昵称贝利（Pelé）；
生于 1940 年，著名足球运动员，入
球过千，称得上是 20 世纪最伟大的
体育明星之一。他的球技、球风在世
界上产生很大影响。他可以打中场、
前场、后场，甚至守门员的位置他也
可以胜任，因此被称为"世界球王"。
他曾代表巴西国家队，参加过 4 次世
界杯足球赛，是世界上唯一一位三夺
世界杯的球员。

■ 光脚玩"袜球"的小迪科

1940 年，贝利出生在巴西一个贫穷的
家庭里，小时候家里人都亲切地叫他迪科。
4 岁的时候，在父亲的熏陶下，他深深地
爱上了足球，时常会在院子里学着父亲的
样子玩足球。

玩足球首先得有一个足球。"穷人有
穷人的办法"，强烈的踢球愿望使贝利和小
伙伴们开动脑筋，自己动手做了一个足球。
他们找来一只大袜子，在里面塞满破布和
旧报纸，然后尽量把它捏圆像个球形，最
后在外面用绳子扎紧。他们光着脚，把他
们住的那条凹凸不平、尘土飞扬的街道当
作球场，每天劲头十足、不知疲倦地玩着
这只"袜球"。

时光在脚下流逝，一晃 3 年过去了。
贝利 7 岁那年，开始承担起生活的重担，
成了一个擦鞋童。擦皮鞋是一个又苦又累
的差事，但他没有忘记心爱的足球。每天
下午工作完后，他便赶快回家，夹着"袜
球"直奔球场，常常踢到夜幕降临才尽兴
而归。

8 岁时，贝利踏进了学校的大门，但
直到 10 岁，他都得在放学以后赶到火车
站去擦皮鞋，赚钱贴补家用。因此，贝利
的学习成绩不那么让人称道，但球却踢得
越来越引人瞩目。正像贝利自己说的那样：
"我为足球而生，就像贝多芬为音乐而生
一样。"

■ 辉煌的绿茵生涯

贝利 13 岁时，开始代表当地的包鲁俱乐部少年队踢球，使该队连续 3 年荣获包鲁市冠军，贝利也开始引起人们的注意。1956 年，著名的桑托斯队邀其入队，头一年，贝利即攻入 32 个球，成为该队最年轻的射手。1957 年，未满 17 岁的贝利入选国家队。第二年，首次参加世界杯赛的他以惊人的技巧驰骋赛场，足坛惊呼：巴西出现了一位神童！在这位神童的激励下，巴西队愈战愈勇，第一次为祖国捧回了世界杯。

此后，在贝利的统领下，巴西队又夺得了 1962 年第七届和 1970 年第九届世界杯赛冠军，贝利本人也成为至今世界上唯一一位夺得过 3 届世界杯冠军的球员。在其长达 22 年的职业足球生涯中，贝利共参赛 1364 场，射入 1281 球，囊括世界杯冠军、洲际俱乐部杯赛冠军、南美解放者

▲
世界杯纪念邮票上的贝利

杯赛冠军，几乎赢得了国际足坛上一切成就，被誉为"一代球王"。1977 年 10 月 1 日，美国宇宙队为球王举行了盛大的告别赛，赛后，贝利在队友和观众的欢呼声中挥泪离场，结束了非凡的绿茵生涯。

■ 学而后知不足

贝利成名之后，经常被邀请到各处去演讲。但中学没毕业就进了足球队的贝利，虽然在球场上叱咤风云，但在讲台上却常被问得手足无措。于是，他下决心深造！

他拜随队多年的马塞教授为师，还特别请来了一位补习教师，除了训练和球赛之外，他把所有时间都用来学习，废寝忘食，经过一年的努力，他终于通过了中学毕业考试。

之后，贝利立即开始了大学预科考试的准备。为了专心攻读，他干脆搬到了老队友齐托的一个农场住下。功夫不负有心人，一年后，贝利顺利地考取了桑托斯大学体育学院。大学课程安排得紧张而全面，除了体育学科之外，还有心理学、巴西历史等其他课程。而贝利即使在旅行和集训期间，也要抽空做功课。因此，贝利往往在长期旅行后回到班里还是能后来者居上。经过 3 年的努力，贝利终于从巴西的最高体育学府顺利毕业。他也向世界证明，作为一代球王，不仅仅是球踢得好，文化成绩照样不差，这就是贝利——一个不愿服输，永远积极向上的球星。

阿里——拳王

死神之前，我大笑；噩运当头，我冷笑；祸灾来临，我嗤笑；恐怖时刻，我欢笑。

穆罕默德·阿里（Muhammad Ali-Haj），原名小卡修斯·马塞勒斯·克莱，生于1942年，美国著名拳击手。他是职业拳坛所向披靡的霸主，在20多年的拳击生涯中，阿里曾获得过一枚奥运会金牌，并22次获得拳王称号，是拳击史上第一位三度夺得重量级冠军的拳击手，堪称世界上最伟大的拳手之一。同时，他还是反种族歧视与捍卫和平的斗士。1999年，他被《体育画报》杂志评为世纪最佳运动员，同时也被公认是20世纪最伟大的运动员之一。

1967年时的阿里（摄影：Ira Rosenberg）

贫穷的童年，刻苦的训练

1942年，阿里出生在美国种族隔离时代的一个黑人之家，阿里的父亲是一个民间小画家，靠帮人画广告为生，赚不了多少钱，甚至不够补贴家用。母亲是一位普通佣人，靠给白人做家务赚些少之又少的生活费。阿里和弟弟上学的时候，因为没有钱乘车，所以，经常会跟在公交车后面一直跑到学校。

在阿里12岁那年，父亲用自己帮人画画得来的辛苦钱给他买了一辆自行车，在圣诞节之夜送给他，阿里看着心爱的自行车，心里别提多开心了，这是他自小以来收到的最大的一份圣诞礼物。可是没过多久，自行车就被偷了。他恼怒地把这件事情报告给了地区警察（也是拳击教练）乔·马丁。也就是在这时候，教练马丁建议他学习拳击术。在马丁的指导下，阿里很快进入到了拳击的训练之中，他在拳击上还是很有天赋的，没学多久，他就打败了其他的少年拳手们，脱颖而出。

他享受到了拳击给他带来的快乐，越来越喜欢拳击这个职业。为了训练自己的力量、耐力和灵活性，他和马群赛跑，经常被马踢得伤痕累累；为了锻炼自己的灵活度和敏捷能力，他和弟弟捡来很多石头堆在家里，一有空就互相扔掷，看看谁会被石块打中，常常是一场石头大战后，两人都是遍体鳞伤。

经过 6 年的刻苦训练，阿里已经成为一个出色的拳击手。1960 年，阿里正式成为美国代表队的队员，参加了 1960 年罗马奥运会，面对 3 届欧洲冠军的对手，他胜利了，成为当年的奥运冠军。

■ 被种族歧视"扔掉"的奥运金牌

1960 年，阿里的辉煌开始了。18 岁的阿里轻松摘取了罗马奥运会轻量级拳赛的金牌。然而，这块金牌却将他从种种荣耀和幻想中拉回到充满种族仇恨的现实。后来他在自传中写道："1960 年夏天罗马归来后所遭受的事情中，最令我难忘的不是那英雄式的欢迎，而是一个漆黑的晚上，我站在杰弗逊县大桥上，把奥运金牌扔进俄亥俄河里。"

夺冠后的一天晚上，阿里和一位朋友为了避雨，走进一家餐馆，而白人女招待员和老板却拒绝接待他们。阿里向他们说明自己是奥运冠军，但店主仍然无情地将他们赶了出去。愤怒之下，阿里将奥运金牌丢进了俄亥俄河的急流之中。

■ 反越战招致牢狱之灾

1967 年 10 月 21 日，成千上万的示威群众从美国各地涌向首都华盛顿，在林肯纪念碑前集合，强烈谴责约翰逊政府发动的侵越战争，谴责征兵制度。阿里就是那些人中的一个，他公开拒绝了美国政府的征召，拒绝去参加越南战争。

最终，美国政府以拒服兵役的罪名，判阿里入狱 5 年。出狱后的阿里还被吊销了拳击执照，剥夺了 WBA 重量级拳王的称号。众所周知，对于一个走红的职业拳王来说，每场比赛都意味着有大笔的金钱。但正义的阿里毅然放弃了这一切。这样的拳王，空前绝后。

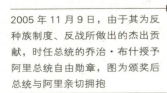
2005 年 11 月 9 日，由于其为反种族制度、反战所做出的杰出贡献，时任总统的乔治·布什授予阿里总统自由勋章，图为颁奖后总统与阿里亲切拥抱

马拉多纳——最优秀、最具争议的球员

▲ 球场上英姿勃发的马拉多纳

箴言

过去的种种事情，干得好，干得不好，都是我自己干的。

迭戈·阿曼多·马拉多纳（Diego Armando Maradona），生于1960年，阿根廷足球运动员和教练员，被认为是足球史上最优秀也是最具争议的球员。在为阿根廷国家足球队效力的17年里，马拉多纳曾获世界杯冠军和世界青年足球赛冠军。2011年，他被国际足联评为"20世纪最佳运动员"。

■ 从贫民窟腾飞的丑小鸭

马拉多纳出生在布宜诺斯艾利斯的一个贫民窟里，兄弟姐妹共8人，他排行老五。马拉多纳从小就与足球结下了不解之缘，他早上带着足球去上学，晚上搂着足球睡觉，他是从街头足球中学会了如何同比他年长而又高大的敌手对抗的。当时，阿根廷青年俱乐部的少年队正在征集队员，马拉多纳由于身材矮小，被误以为年龄不够，差点被少年队拒之门外。马拉多纳进入俱乐部后，没有让信任他的人们失望，很快成为这个地区的少年明星。13岁时，马拉多纳曾和他"小洋葱"队的队员们创下了连胜140场的纪录。

在马拉多纳1976年到1997年的职业球员生涯中，他先后加入阿根廷、西班牙、意大利等国的多支球队，曾获阿根廷联赛冠军、意大利足球甲级联赛冠军、欧洲联盟杯冠军。在为阿根廷国家足球队效力的17年里，他还获世界杯冠军和世界青年足球锦标赛冠军。2001年，他被国际足联评为"20世纪最佳球员"。

2008年10月28日，阿根廷足协决定由马拉多纳担任阿根廷国家队的主教练。2010年，马拉多纳带领阿根廷国家男子足球队出征2010年南非世界杯，世界杯后离任。

■ 马拉多纳一个人的世界杯

由于1982年世界杯的一张红牌，使马拉多纳整整3年被排除在阿根廷国家队之外，这期间阿根廷队战绩糟糕。1986年的世界杯外围赛，阿根廷队也是步履蹒跚，此时此刻，阿根廷全国人民都在呼唤一个人的名字——马拉多纳。很快，马拉多纳重返阿根廷队，当然这次他不但穿上了阿根廷队队服，还佩戴上了阿根廷队队长袖标，马拉多纳能承担起如此重任吗？所有关心阿根廷队的人都在为他捏着一把汗，但是马拉多纳很快就证明了这些担心都是多余的，他是一个天生的领袖，阿根廷队在他的带领下连战连捷，顺利打入墨西哥世界杯。

1986年的世界杯被公认为是马拉多纳一个人的世界杯，在这次大赛中，马拉多纳将个人才华展现得淋漓尽致，表现出他的重要性和稳定性。他以5个进球5个助攻带领阿根廷打进决赛赢得金杯，同时拿到最佳球员金球奖。

■ 绿茵场下的不完美

马拉多纳用自己的双脚征服了整个世界，然而足球场上的荣誉却并没有让他的私生活也一样的让人敬仰。金钱、毒品、拘留、开枪、车祸……这一切又都发生在了这个足球场上的天才身上。

马拉多纳长期染毒，他第一次被查出服用毒品是1991在意甲联赛药检中，结果被停赛两年，后改为15个月。第二次是1994年美国世界杯赛上，直接被逐出大赛。

马拉多纳在退役之后，一直没有停止服用软毒品，有一次甚至差点要了他的命。在2004年至2007年数次进入医院甚至一度传出死讯，事后世界各媒体都对他需要戒毒而感到震惊和惋惜。

知识链接

► 一张红牌

1982年，22岁的马拉多纳第一次参加世界杯。马拉多纳代表阿根廷队在与巴西队的比赛中，由于阿根廷的成绩不理想，年轻气盛的马拉多纳没能控制住急躁的情绪，在一次抢球中踢了对方球员的肚子，因此，马拉多纳被主裁判直接逐出场外。

乔丹——篮球飞人

箴言

我可以接受失败，但我不能接受放弃。

迈克尔·杰弗里·乔丹（Michael Jeffrey Jordan），生于1963年，美国前NBA职业篮球运动员。在15年职业球员生涯中，他创造了6次NBA总冠军，11次最高积分纪录，先后3次宣布退役，前13个赛季效力于芝加哥公牛队。他前无古人的成绩将NBA推向了一个崭新的时代，被公认是全世界最棒的篮球运动员，也是NBA历史上第一位拥有"世纪运动员"称号的巨星。他将NBA推广至全球每个角落，使之成为好莱坞以外又一无可阻挡的美国文化。

乔丹在篮球场上的身姿令全世界的球迷为之疯狂。（供图：Steve Lipofsky at basketball photo.com）

叛逆少年

1963年2月17日，乔丹出生于纽约布鲁克林黑人区，随后他们一家迁到了北卡罗来纳州的海明顿。这是个只有几万人的小城，终年吹拂着温煦的海风。

乔丹小时候常常弄出恶作剧让父母伤神。5岁的时候，顽皮的乔丹不听父母禁止他玩斧头的劝告，偷偷拿斧头到外面去劈柴，结果一不留神，砍到了自己的脚趾。他痛得又喊又叫，邻居往他鲜血淋漓的脚趾上浇了一大盏煤油才止住了血。

乔丹的父亲是个勤劳的机械修理能手，他有意培养小乔丹这方面的兴趣，经常把乔丹带到车库帮他干活。然而，乔丹对此并无兴趣，父亲也只好放弃把乔丹培养成为机械能手的念头。

母亲也曾试图改变乔丹，强迫他去一家旅馆干维修工。但乔丹只干了一个星期便辞职不干了。母亲非常生气，说："很好，从现在起，你休想买什么东西。"乔丹却在心里默默地想："很好，从现在起我可以整天打篮球了。"

乔丹的球衣球鞋在芝加哥历史博物馆展出（摄影：Marcin Wichary）

■ 难忘的挫折

从小就迷恋篮球并对篮球抱有理想的乔丹在兰尼高中篮球队打球时经受了一次令他终生难忘的挫折。

那是一天清早，他和朋友赖洛伊·史密斯一起到校运动馆的布告栏前去看调整后的校队名单，结果史密斯榜上有名，而自己却被淘汰出局！

放学回家后，乔丹把房门关上，大哭了一场。

赛季快要结束时，乔丹鼓起勇气请求弗雷德·利克教练，允许他搭车随队观看比赛。教练开始不同意，直到他再次执着要求，并答应为上场队员抱衣服，教练才点头同意。为了提高技艺，乔丹苦练了1年，终于又回到了校队。

乔丹后来回忆起这件事时说："发生这种事，对我来说，也许还称得上是件好事。因为它让我搞清楚失望有多难受，所以我立志发誓绝不再承受一遍那种糟糕的感觉。"

■ 15 年的辉煌 NBA 篮球生涯

在15年的NBA篮球生涯中，乔丹总共获得6次总冠军，5次最有价值球员，6次总决赛最有价值球员，10次入选NBA年度第一队，更史无前例地获得10届NBA得分王。他目前仍保持NBA常规赛球员职业生涯的场均得分最高纪录（30.12分）和季后赛场均得分最高纪录（33.45分）。他在2009年入选篮球名人堂。菲尔·杰克逊形容乔丹是：当代穿着宽松运动短裤的米开朗琪罗。在NBA官方网站里，迈克尔·乔丹简介的第一句为："在欢呼喝彩中，迈克尔·乔丹是史上最伟大的篮球员。"

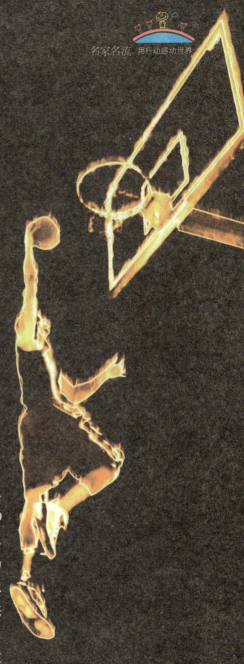

桑普拉斯——两次落泪

网球场上冷峻的桑普拉斯

箴言

我也曾看过自己的比赛录像，我希望在别人看它们时不会觉得一切看起来那么容易，因为只有我知道我付出了多么大的努力。

皮特·桑普拉斯（Pete Sampras），生于1971年，美国职业网球运动员。在ATP巡回赛职业生涯中，他取得单打762胜222负的成绩，共夺得64项男单冠军（包括14项大满贯锦标和5次ATP年终赛）以及2项男双冠军。他被认为是男子网球史上的GOAT（Greatest of All Time）之一。

■ 第一次落泪

永远是冷峻的表情、永远是网前轻灵的一击……桑普拉斯仿佛许多少年梦想中的侠客一般帅气。但就是这样一个桑天王，这样一个风度翩翩的侠客，曾有两次人前落泪，感动了许多人。

1995年，就在桑普拉斯出征墨尔本的澳网时，远在美国的教练蒂姆·古力克森却被查出患了晚期脑癌。对桑普拉斯而言，蒂姆·古力克森既是恩师，又是挚友，是桑普拉斯一生都不会忘记的人，如果没有他，桑普拉斯不可能有今天令人羡慕的成就。

四分之一决赛，桑普拉斯面对的是自己的好友兼同胞库里埃，比赛的前两盘，桑普拉斯鏖战两个抢七落败。第三盘开始前，场边有一位球迷大声呼喊了一句："皮特！为你的教练而战，把胜利献给他！"

听到这句话后，平时如冰山般冷峻的桑普拉斯竟然忍不住落下了男儿泪。

两个半小时过后，桑普拉斯连扳三盘，完成了一出令人难以置信的逆转……人们第一次发现，不苟言笑的桑普拉斯其实也是一位血性男儿！

■ 第二次落泪

2000 年 7 月 9 日是个很特别的日子，尤其对于桑普拉斯而言。如果他能够击败球网对面的拉夫特，那么埃默森保持了 33 年之久的大满贯记录将会被超越。

所有的一切都预示着这是一个不平凡的日子：桑普拉斯的父母第一次出现在赛场上为儿子加油；赛前伦敦时阴时雨，天空中还不时勾勒出一道彩虹；天气预报说，伦敦可能有百年不遇的暴雨；官方说，这场决赛可能会被改期。

但到了最后，人们发现这些只不过是老天为桑普拉斯精心准备的一场典礼。

当桑普拉斯拿下赛点后，全英俱乐部的上空突然之间变得阴沉起来，伦敦当地时间才 6 点不到，但夜幕却已经提前降临。

这是温网历史上最昏暗的一次冠军颁奖典礼！可是，当现场所有摄影师都围着桑普拉斯时，全世界才赫然发现数不清的闪光灯已经把桑普拉斯照耀成全英俱乐部的神！那是温网历史上最令人激动万分的一幕，没有人会忘记桑普拉斯夺冠后登上看台把自己的父母拥在怀中泪如泉涌的那一刻，同样，也没有人会忘记那一年桑普拉斯其实是带伤夺冠的，每一轮比赛前，他甚至都要打封闭。桑普拉斯就是这样在疼痛与汗水中造就了伟大的奇迹！

2009 年 7 月，在美国洛杉矶网球公开赛上获胜后，手捧奖杯的桑普拉斯

知识链接

▶ 温网

即温布尔登网球锦标赛，是网球运动中最古老和最具声望的赛事。

贝克汉姆——超级巨星

我喜欢证明别人是错的，喜欢纠正别人对我的不正确的认识和说法，我的生活和职业生涯一直就是这样过来的，希望我还能继续这样做。

大卫·罗伯特·约瑟夫·贝克汉姆（David Robert Joseph Beckham），生于 1975 年，英格兰足球运动员，有"足球金童"之称。前英格兰足球代表队队长，是该队守门员位置以外的上场纪录保持者。1999 年及 2001 年曾夺得世界足球先生亚军。

■ 与父亲的"赌局"

环顾当今的国际足坛，也许再没有第二个球星能比贝克汉姆制造出的新闻更多。这个英国的"万人迷"和他的流行歌星太太，每天都是英国媒体追捧的对象。

他是一流的球星，有超人的控球和传球技艺，在欧洲乃至世界，有无数的少男少女是由于贝克汉姆而爱上足球的。俊美的外表，强强组合的婚姻使贝克汉姆成为当今这个娱乐时代所极力推崇的大众情人偶像。在当今世界足坛，我们很难找出一位比贝克汉姆长得更帅、球踢得更精彩、娶得夫人名气更大的世界级球星。

毫无疑问，贝克汉姆神奇的任意球和精准的长传成为他的制胜法宝，而能在强者如云的足坛靠这两大法宝立足，无疑是辛勤努力的结果。

贝克汉姆从 3 岁就开始跟姐姐在花园里踢皮球玩耍，尽管那时还是玩球多于练球，但父亲一直苦心地想办法培训他，顽皮的他渐渐奠定了对足球事业的热爱。等到能随心所欲地踢足球时，他已经是个非常狂热的足球迷了。

▲ 贝克汉姆和妻子维多利亚 2012 年 2 月 26 日盛装出席好莱坞奥斯卡晚会

贝克汉姆在皇马的最后一个赛季（摄影：大卫·科尔内霍）

贝克汉姆的足球之梦是从 7 岁开始萌发的。那时他参加了父亲执教的瑞德维勒沃斯队，他说："我在射球方面已没有困难了，随时都可以把球挑过守门员的头顶，我们大约打了 96 场没有输球的比赛。"担任教练的父亲说："看儿子在球场上奋力拼杀，不断地进步，比我自己踢球要快乐得多。"父亲的悉心教导和陪练，使贝克汉姆球技进步很快。

贝克汉姆曾经跟父亲约定过一个常规"赌局"：如果他能站在禁区边不助跑射门，每次把球踢中门柱，就能从父亲那儿赚到 50 个便士。为了可以买到心爱的玩具，在其他男孩子疯闹时，他都在不停地训练。

每次从父亲手里赢到钱，贝克汉姆都很开心，直到长大成人后他才明白了父亲的良苦用心。

贝克汉姆的父亲很严格，经常会让贝克汉姆和一群大人踢球锻炼对抗能力。贝克汉姆可以不用助跑就把球踢得又准又远，而上身还能保持很少转动，这都是得益于雨中的训练。在少年俱乐部的时候，他会在训练结束后留下来继续练习任意球，这种习惯一直保持到现在。

正是由于贝克汉姆的刻苦，他才能在以后的俱乐部和国家队生涯中完成大量助攻和进球，从而扬名于世界足坛。

埃蒙斯——人格与气质的胜利者

亲爱的，别为我哭泣，赢了你，输了世界又如何？

马修·埃蒙斯（Matthew Emmons），生于1981年，美国射击运动员。他以成功的少年运动员起步，创50米运动步枪3种姿势少年世界纪录，并在2002年国际射击运动联合会世界杯决赛和2004年国际射击运动联合会世界杯决赛中获胜。然而在2004年的雅典和2008年的北京奥运会上，他两度与唾手可得的金牌失之交臂，让人感慨万千。

2008年奥运会上，又一次与金牌失之交臂的埃蒙斯

■ 三度失利

美国的步枪名将马修·埃蒙斯曾创50米运动步枪三种姿势少年世界纪录，曾一人包揽2001年世界杯美国站男子步枪三个项目的金牌，曾在2002年世锦赛和2002年、2004年国际射击运动联合会世界杯决赛中获胜。但就是这样一位战绩赫赫的射击名将，却在奥运会上三次失利，令人唏嘘不已。

2004年雅典奥运会上，埃蒙斯由于最后一枪脱靶，将金牌拱手他人。而在2008年北京奥运会上，埃蒙斯又一次在大比分领先的情况下失利。2012年伦敦奥运会上，他再次折在"最后一枪"，成为奥运会中最不走运的人。

■ 人格与气质的胜利者

在埃蒙斯二度失利后，很多记者都希望捕捉到他的悲情情景。但是让他们既意外又钦佩的是，埃蒙斯带着笑容拥抱了金牌获得者邱健。埃蒙斯的非凡气度感染了每个观众，就连主裁判也不由感叹："如果奥运会允许有并列冠军的话，那么我觉得另外一块金牌应该属于埃蒙斯，他是人格与气质的胜利者。"

国际奥委会主席罗格说："最让我感动的是他的态度，他说，这是一个巨大的失败，我承担责任，但我还会回来，去赢得那枚金牌。他的故事讲述的是，奥运会不仅仅是赢的过程，也是每一个运动员每天向自己的极限挑战的过程。"

第二章

Part 2

中国篇

在中国历史长河里，各个不同历史时期涌现出无数的名家名流；他们中有中国历史上第一位有影响的对外使者，丝绸之路的开拓者张骞；有七下西洋的郑和；有中国最杰出的女性国际政治活动家宋庆龄；还有我国现代杰出的京剧表演艺术家梅兰芳。这些功勋卓著的人物在历史的舞台上熠熠生辉，他们的言行犹如一块砥石，磨炼人们的毅力，激励人们的斗志。

大禹——劈山治水救苍生

禹

克勤于邦　烝民乃粒
磨数在躬　蒸中允就
恶酒好言　九功由立
不伐不矜　振古莫及

箴言

德惟善政，政在养民。水、火、金、木、土、谷，惟修；正德、利用、厚生，惟和。九功惟叙，九叙惟歌。戒之用休，董之用威，劝之以九歌，俾勿坏。

南宋著名画家马麟绘制的《夏禹王像》，该画为绢本设色，纵249厘米，横113厘米，现藏于台北国立故宫博物院

■ 劈山治水救苍生

尧帝在位时，黄河流域连续发生特大洪水，庄稼和房子都被洪水淹没，百姓生活在水深火热之中，苦不堪言。

尧为此伤透了脑筋，为了找到治理水患的方法，他召开了部落联盟会议，商量治水的问题。最后大家一致推荐鲧去治理大水。

鲧花了9年的时间治水，耗费了无数的人力、物力，但是仍然没有把洪水制服。

舜接替尧当部落联盟首领以后，亲自到治水的地方去考察。他发现鲧治水不力，就把鲧杀了，又让鲧的儿子禹去治水。

禹领命之后，首先总结了以前治水失败的教训，带领人们一起跋山涉水，把水流的源头、上游、下游大略考察了一遍，并在重要的地方堆积一些石头或砍伐树木作为记号，便于治水时做参考。

考察完毕，禹对各种水情做了认真研究，最后决定用开渠排水、疏通河道的办法来治理水患。

禹（生卒年不详），姒姓，名文命，后世尊称禹王，是黄帝轩辕氏之玄孙、鲧之子。禹是夏朝的第一位天子，因此后人也称他为夏禹。因其治理滔天洪水和划定中国国土为九州而被后人称为大禹，也就是伟大的禹的意思。因治水有功被舜选为继承人，舜死后即位。禹死后其子启继位，确立了君主世袭的制度。

禹亲自率领人们带着简陋的石制工具，开始治水。他们一心扑在治水上，风餐露宿，粗衣淡饭。尤其是禹，起早贪黑，兢兢业业，腰累疼了，腿累肿了，仍然不肯懈怠。

河南洛阳南郊有座高山，属秦岭山脉的余脉，一直延续到中岳嵩山，犹如一座东西走向的天然屏障。高山中有一个天然的缺口，涓涓细水就从缝隙缓缓流过。但是，特大洪水暴发时，河水就被大山挡住了去路，奔腾的河水威胁着周围百姓的安全。大禹决定集中治水的人力，在群山中开道。

艰苦的劳作，损坏了一件又一件工具，累倒了一批又一批人，可是，他们毫不动摇，坚持劈山开道。在大禹的指挥下，治水进展神速，大山终于豁然屏开，形成两壁对峙之势，洪水由此一泻千里，畅通无阻地向下游流去，直至汇入大海。

汉代画像砖上，大禹手持耒耜治水的形象

三过家门而未入

大禹带领人们花了10年左右的时间，凿了一座又一座的大山，开了一条又一条河渠。他公而忘私，三过家门而不入。他第一次路过家门口，正好遇到妻子生下启，大家劝他进去看一看，他怕影响治水，没有进去；第二次禹走到家门口，听到妻子在骂儿子启，他想进去劝解，又怕耽误了治水的时间，又悄悄地走开了；第三次禹因治水来到家的附近，突然下起了瓢泼大雨，禹来到自家的屋檐下避雨，只听妻子对儿子说："你爹爹治理了洪水就回家了。"禹听后非常感动，更坚定了治水的决心，立刻转身上路了。

登上王位

舜年老之后，考虑到禹治水有功，加上大家的推选，舜便决定将帝王禅让给禹，并率领百官在宗庙举行了隆重的仪式，正式让位于禹。

禹有个助手叫皋陶，曾经帮助禹治理政事。皋陶死后，皋陶的儿子伯益也做过禹的助手。按照禅让的制度，本来是应该让伯益做禹的继承人，但是，禹死后，禹所在的夏部落的贵族却拥戴禹的儿子启继承了禹的位子。这样一来，氏族公社时期的部落联盟选举制被废除，开始了王位世袭制。

康有为——维新志士

箴言

科学实为救国第一事。

▲ 戊戌变法的领袖人物康有为

康有为（1858—1927），中国近代维新派领袖，后为保皇会首领。原名祖诒，字广厦，号长素，又号更生。广东南海人。早期思想进步，促成百日维新。戊戌政变发生后，逃亡国外。此后组织保皇会反对民主革命。著作有《新学伪经考》《孔子改制考》《大同书》等。

■ 思想认识的转变

康有为出生在一个封建官僚家庭，祖父是道光年间的举人，父亲曾是江西补用知县。康有为自幼聪明好学，家人对早慧的康有为寄予厚望，希望他学有所成。11岁时，父亲去世，他就跟随祖父接受严格的封建正统教育，攻读经史。

18岁时，康有为拜南海九江有名的学者朱次琦为师，学习宋明理学。

在22岁那年，康有为离开了朱次琦，只身一人到西樵山白云洞读书，接触到了不少经世致用的书，如顾炎武的《天下郡国利病书》、魏源的《海国图志》等书，这些书使他大开眼界。这年是康有为从中学转为西学的重要开端。

■ 悲情改革家

19世纪70年代，在别的孩子懵懂尚不知"国家"为何物的时候，康有为就开始思索如何才能够找到一条救亡图存的强国之路。此后的20多年里，他发奋苦读，博览群书。1895年，他来到京城参加会试，而此时，中日甲午海战以中国的失败而告终，清政府即将签订《马关条约》。于是这位佛山青年便发动同来会试的1300多人，联名上书，力陈时局忧危，请求清政府能够拒绝签订和约，变法图强，这便是著名的"公车上书"。

此后的3年里，康有为又多次上书，详细论述了变法革新的重要性和具体方针策略，为此，光绪皇帝还专门召见了康有为。

1898年6月，在康有为等人的大力推动下，戊戌变法终于得以实施，虽然最终被慈禧扼杀，但是百日维新作为一场政治和思想启蒙运动，为日后中国的革命奠定了基础。康有为不仅是一位思想家，还是一位大胆投身现实斗争的政治活动家和变法运动的领导者。

逃亡生涯

维新变法失败后，康有为乘英国客轮"重庆"号逃往日本，当他要上岸时，却遭到日本政府的刁难。与他在维新时期受到日本政界广泛欢迎的情形大不相同，日本的山县有朋内阁认为，中国的维新运动已经失败，维新派在中国政治舞台上已经难有作为，因此对康有为的态度十分冷淡，甚至拒绝康有为在神户上岸。无奈之下，康有为只好写信给自己在日本的弟子欧榘甲求助。

此时，清朝驻日公使李盛铎得知康有为来到日本，立即致电清政府，慈禧太后随即命令李盛铎派密探秘密跟踪康有为，并伺机抓捕他。

日本一些有识之士认为，在这样险恶的情势下，日本政府不准康有为登岸，无异于帮助清政府共同谋害康有为。于是，在品川弥二郎等日本人士的力争下，康有为终于得以入境。

流亡中的康有为，约1920年

康有为刚到日本时，孙中山也正在日本招兵买马，准备发动革命推翻清政府。孙中山为扩大革命队伍，多次与康有为商谈合作事宜，要求康有为放弃保皇改良主张，实行"革命的办法"来拯救中国，携手推翻清王朝。但康有为坚持"不忘圣上（光绪皇帝）知遇之恩"，拒绝与革命派合作来对抗清王朝，谈判最后无果而终。

康有为曾经是晚清社会的活跃分子。当他倡导维新运动、领导戊戌变法时，他代表和体现了历史前进的方向，为推动社会进步发挥了积极作用；但当他在民国初年为遵孔复古思潮推波助澜，与袁世凯复辟帝制运动同流合污时，他就阻碍了历史进步，成为社会前进的阻力。

扁鹊——中医学的开山鼻祖

■ 扁鹊拜师

扁鹊少年时期在故里做过舍长（即旅店的主人）。当时在他的旅舍里有一位长住的旅客叫长桑君，他俩交往甚密。长桑君是一位医术高明的民间医生，经过一段时间的相处之后，长桑君了解了扁鹊的为人。一天，他对扁鹊说："我掌握着一些秘方，现在，我已年老，想把这些医术及秘方传授于你，你要保守秘密，不可外传。"扁鹊当即拜长桑君为师，并继承其医术，终于成了一代名医。扁鹊成名后，周游各国，到各地行医，为百姓解除痛苦。

箴言

人之所病病疾多，医之所病病道少。

汉代画像砖《扁鹊施针图》，表现了神医扁鹊施针时的画面

扁鹊（公元前407，一说公元前401前后—公元前310年），战国时期著名医学家。姓秦，名缓，字越人，渤海郡鄚（今河北任丘北）人；也有说是今山东长清一带人。他有丰富的医疗实践经验，擅长各科，反对巫术治病，被世人称为"神医"。扁鹊奠定了中医学的切脉诊断方法，开启了中医学的先河。因为秦武王诊治，被秦国太医令李醯妒忌杀害。

■ 望色知病

扁鹊精于内、外、妇、儿、五官等科，应用砭刺、针灸、按摩、汤液、热熨等法治疗疾病。扁鹊最重要的贡献就是发明了中医"四诊法"，即望诊、闻诊、问诊和切诊，当时扁鹊称它们为望色、听声、写影和切脉。他尤其精于望色，能通过望色判断病症及其疾病演变的程度。

扁鹊在晋见蔡桓公时，通过望诊，判断出蔡桓公有病，但是病情尚浅，病灶还只是在体表，于是奉劝蔡桓公接受

治疗。蔡桓公觉得自己毫无病况，拒绝治疗。不久，扁鹊再度晋见蔡桓公时，指出其病情已加重，病灶已转移至血脉，再次劝说其接受治疗，以免病情进一步发展。蔡桓公仍然拒绝治疗，认为扁鹊是在炫耀自己，想以此牟利。当扁鹊第三次晋见时，深知蔡桓公病情已恶化，病灶深入内部肠胃，如不及时治疗，终将难治。蔡桓公仍不予理睬。最后一次，扁鹊通过望诊，判断桓侯病情危重，已进入到骨髓深处，病入膏肓，无法救治。果然不出所料，蔡桓公不久即发病，终于不治而死。此病例说明扁鹊当时已经能很好地应用望诊，而且诊断水平相当高。

切脉知病

扁鹊的切脉诊断法也很高明，具有较高水平，《史记》称扁鹊是最早在临床上应用脉诊的医生。扁鹊的脉诊及其理论可以从虢太子这一病例中体现出来。当时虢太子已经昏迷不醒，扁鹊通过诊脉判断出是"尸蹶"。他认为患者阳脉下陷，阴脉上冲，即阴阳脉不调和，导致全身脉象出现紊乱。结合切摸，他发现大腿的体表仍然有温度，因而敢于下此判断。扁鹊是我国历史上最早应用脉诊来判断疾病的医生，并且提出了相应的脉诊理论。

医德高尚

扁鹊十分重视疾病的预防。他指出，客观存在的疾病种类很多，但医生却苦于治疗疾病的方法太少。因此，扁鹊很注重疾病的预防，他认为对疾病只要预先采取措施，把疾病消灭在初发阶段，是完全可以治好的。

扁鹊在自己的医学生涯中，不仅表现出高超的诊断和治疗水平，还表现出高尚的医德。他谦虚谨慎，从不居功自傲。如他治好虢太子的尸蹶症后，虢君十分感激，大家也都称赞他有起死回生之术，扁鹊却实事求是地说："这是患者并没有死，我只不过能使他重病消除，恢复他原来的状态而已，并没有起死回生的本领。"

扁鹊创造了望、闻、问、切的诊断方法，奠定了中医临床诊断和治疗方法的基础，是中医学的开山鼻祖，被世人尊为神医。司马迁的不朽之作《史记》及先秦的一些典籍中就记载了扁鹊既真实又带有传奇色彩的一生。

王昭君——西汉奇女

箴言

昭君拂玉鞍，上马啼红颊。今日汉宫人，明朝胡地妾。

——李白《王昭君》

王昭君（生卒年不详），名嫱，字昭君，晋时避司马昭讳，改称明君或明妃，西汉南郡秭归（今属湖北）人。中国古代四大美女之一，有"落雁"之称。汉元帝时被选入宫。竟宁元年（公元前33年），匈奴呼韩邪单于入朝求和亲，她自请嫁入匈奴。入匈奴后被称为宁胡阏氏。

生活在塞外的王昭君

天生丽质

王昭君出生时，他的父亲王穰年纪已经很大了，老来得女，王穰自然将女儿视为掌上明珠，一家人对昭君宠爱有加。

当时正值汉朝的辉煌盛世，百姓丰衣足食。昭君一家人以耕田种些杂粮维持生计，生活虽然清苦，但全家和乐，与世无争。平日里昭君除了跟母亲学习女红之外，便在父亲的督促下读书习字，虽然长在穷乡僻壤，却颇有大家闺秀的风范。

王昭君的家乡三面环水，山清水秀，一方水土养一方人，王昭君长大后出落得温婉大方，楚楚动人。

毛延寿画下的昭君

公元前 36 年，汉元帝昭示天下，征选美女，17 岁的王昭君被选入汉元帝的宫中待诏。

从全国各地挑选入宫的美女数以千计，皇帝无法一一面见。于是汉元帝在征选宫女时，让宫廷画家把待诏的宫女画成图像，然后，他再过目。因此，很多宫女为了得到皇帝的宠幸，提高自己的身份和地位，动用各种渠道贿赂画师毛延寿。

王昭君一来是家境贫寒，没有多余的钱财去贿赂画师；再就是王昭君本身为人正直，不屑于采用这种献媚的手段，她自信凭自己的身材容颜，自会得到皇上的宠幸。这使得毛延寿心中十分不悦，不但把她画得十分平庸，而且在她的面颊上点了一颗丧父痣。汉元帝看到王昭君的画像，嫌恶之极。因此，3 年过去了，她仍是个待诏的宫女身份。

为匈汉两族的安宁挺身而出

公元前 33 年，匈奴请求和亲，以结永久之好。汉元帝同意了，决定从宫中挑选一名宫女作为公主嫁给匈奴的呼韩邪单于。于是，汉元帝便派人到后宫传话，准备在宫女们中挑选。宫女们一听是去荒蛮遥远的匈奴，个个都你推我让，谁都不愿意去。此时，昭君挺身而出，慷慨应招，自愿去匈奴。

在王昭君离开长安那天，元帝见她丰容靓饰，大吃一惊，不知后宫竟有如此美貌之人，他后悔莫及，想把昭君留下，但是又不能失信，便只有赏给她锦帛 28000 匹，絮 16000 斤及黄金美玉，并亲自送出长安十余里。王昭君肩负着汉匈和亲之重任，别长安、出潼关、渡黄河、过雁门，历时一年多，于第二年初夏到达漠北，受到匈奴人民的盛大欢迎，并被封为"宁胡阏氏"，意为匈奴有了汉女做"阏氏"（王妻），安宁始得保障。

历史贡献

昭君出塞，使汉朝与匈奴修好，增强了汉族与匈奴民族之间的民族团结。王昭君对胡汉两族人民和睦亲善与团结做出了巨大的贡献。元代诗人赵介认为王昭君的功劳，不亚于汉朝名将霍去病。

昭君出塞的故事，也成为我国历史上经久不衰的民族团结的佳话。

蔡文姬——知音断弦

东汉至三国文学家南匈奴左贤王侧妃

箴言

人生几何时，怀忧终年岁。

蔡文姬（生卒年不详），名琰，字文姬（一作昭姬），陈留圉（今河南杞县）人，东汉末年大文学家蔡邕的女儿。她博学多才，通音律，是中国历史上著名的才女和文学家。著有五言及骚体《悲愤诗》各一首，描述自己的悲惨遭遇，也反映了当时人民在战乱中所受的痛苦。琴曲《胡笳十八拍》相传为她所作，但近年来研究者多认为是伪托。

自小通音律

蔡文姬出生在东汉末年，她的父亲是当时大名鼎鼎的文学家蔡邕，也是当时有名的大书法家。蔡文姬生在这样一个文学气息浓郁的家庭，自小耳濡目染，既博学多才，又善诗词歌赋。蔡文姬的音乐天赋更是自小过人，6岁时听父亲在大厅中弹琴，隔着墙壁就能听出父亲把第几根弦弹断，长大后她更是琴艺超群。

童年及少年时的蔡文姬，可谓是父亲的掌上明珠，生活得无忧无虑。但从第一次婚姻开始，她的命运就发生了悲剧性的转折，开始了颠沛流离、曲折悲惨的人生。

被匈奴所掳

正值二八妙龄，文姬嫁给了河东世族子弟卫仲道。两人志趣相投，相敬如宾。可惜好景不长，不到一年卫仲道便咯血而死。才高气傲的文姬受不了卫家的冷眼，毅然回到娘家。天有不测风云，不久后，蔡家遭遇了一场更大的变故。父亲受董卓牵连被处死。

父亲死后，关中发生混战，长安一带的百姓流离失所，蔡文姬也跟着难民到处逃亡。那时，匈奴兵趁火打劫，掳掠百姓。蔡文姬在战乱中不幸被掳，匈奴兵见她年轻貌美，就把她献给了匈奴的左贤王。左贤王对她非常宠爱，还封她为夫人，之后蔡文姬生下两子。她在南匈奴一住就是12年，饱尝了异族、异乡、异俗生活的艰辛，在孤寂悲愤中，她十分思念故土的亲人，望穿秋水，日夜盼望着能够重归故里。

■ 文姬归汉

在这 12 年中，曹操也已经基本扫平北方群雄，把汉献帝由长安迎到许昌。南匈奴跟汉朝的关系也已缓和。这时曹操想到了少年时代的老师蔡邕对他的教导之恩，当他得知蔡邕的女儿还在南匈奴时，立即派使者，携带黄金千两，白璧一双，要把蔡文姬赎回来。

左贤王当然舍不得蔡文姬离开，但是又不敢违抗曹操的意愿，只好忍痛割爱。蔡文姬离开家乡是痛苦的，但是现在要离开与自己恩爱有加的左贤王和她两个天真无邪的孩子时，她分不清是悲是喜，只觉得柔肠寸断，不禁泪如雨下。在汉使的催促下，她在恍惚中登车而去。在车轮辚辚的转动中，12 年的点点滴滴涌入心头，在这种矛盾心情的驱使下，她创作出了动人心魄的《胡笳十八拍》。

■ 竭力救夫

蔡文姬回到故乡后，曹操看她一个人孤苦伶仃，就把她嫁给了屯田校尉董祀，这年她 35 岁。哪知时隔不久，董祀犯罪当死，眼看快要行刑，蔡文姬顾不上梳洗打扮，蓬头赤足，去魏王府里求情，终于激起曹操的怜悯之心，救了董祀一命。

此后，董祀感念妻子的恩德，对文姬关爱备至。文姬闲居之余，就凭记忆默写整理父亲收集的旧书典籍，并接替父亲写《续汉书》。夫妻二人琴瑟相谐，白头到老，且生有一儿一女。一代才女有此归宿，让人在悲悯之余稍感欣慰。

曹操把蔡文姬接回来，在保存古代文化方面做出了不小的贡献。历史上把这一事件称为"文姬归汉"，千百年来为人传诵。

金代画家张瑀所绘《文姬归汉图》（局部），描绘长途跋涉的气氛和朔风凛冽的塞外环境，突出归汉的行旅场面，现藏于吉林省博物馆

张骞——丝绸之路的开拓者

敦煌莫高窟第323窟北壁上的张骞出使西域图，绘制于唐代初期（618—714年），表现了张骞向汉武帝辞行的场景

凡世间有异乎寻常的人才，然后才有异乎寻常的事业；有异乎寻常的事业，才会有异乎寻常的功勋。异乎寻常，原本是平常人见到之后以为奇异的。

 张骞（？—前114），西汉汉中城固（今陕西城固）人，中国历史上第一位有影响的对外友好使者，被汉武帝封为博望侯。他两次出使西域，加强了中原和西域少数民族之间的联系，开辟了举世闻名的丝绸之路，促进了东西方经济文化的交流。

■ 勇担出使任务

张骞是汉武帝时期的人，一开始在朝廷担任名为"郎"的侍从官。据《史记》记载，他体魄健壮，性格开朗，具有开拓和冒险精神，并能以信义待人。当时汉匈交恶，汉朝正在准备进行一场抗击匈奴的战争。

一个偶然的机会，汉武帝从一个被俘匈奴的口中了解到，西域有个叫大月氏的国家，月氏王想报匈奴杀父之仇，但苦于无人相助。而大月氏人忍受不了匈奴的奴役，现在已迁徙到妫水（今阿姆河）流域。武帝了解这些情况后，想联合大月氏，共同对抗匈奴。于是决定派使者出使大月氏。张骞以"郎官"身份应募，肩负出使月氏的任务。

■ 结盟未成，收获了西域文化

公元前139年，张骞受命率人前往西域，去寻找大月氏国。张骞一行人从长安启程，经陇西向西行进。一路上风吹雨打，历尽艰辛。当他们来到河西走廊一带时，被占据此地的匈奴骑兵发现，张骞和随从的100多人全部被俘。匈奴人没有杀他们，只是派人把他们分散开来放羊牧马，严加管制。

这样整整过去了 11 个春秋，一次在匈奴人毫无防范的情况下，张骞和他的贴身随从乘机一起逃了出来。

他们一路向西，吃尽了苦头，终于逃出了匈奴地界，但是并没有找到月氏国，而是闯进了另一个叫大宛国的国家（今乌兹别克斯坦费尔干纳盆地）。大宛王早就听说汉朝是个富饶强盛的大国，得知汉朝的使者到来，喜出望外，热情地接待了张骞。最后在大宛王的帮助下，张骞终于到达了大月氏国。

张骞来到大月氏国后，得知大月氏在阿姆河上游安居乐业，不愿再东进和匈奴作战。张骞未能完成与大月氏的结盟，但却获得了大量有关西域各国的人文地理知识。

▲ 丝绸之路上的商队

■ 两次出使西域的影响重大

张骞归汉后，向汉武帝提出了加强同西域友好往来的建议，得到了汉武帝的大力支持，并被封为博望侯。

公元前 119 年，汉武帝派遣张骞第二次出使西域，这次的出使更加扩大了西汉的政治影响力，吸引了不少国家的使臣来到长安，西汉也与很多西域国家建立了亲密的关系。

张骞两次出使西域，揭开了中原和西域各地区和国家联系的新篇章，是我国对外"开放"的里程碑，有力地促进了中国与中亚、西亚以至南欧之间经济文化的交流。此后，中西交通畅通，贸易大盛，往西域去的"使者相望于道"。这种频繁的经济文化的交流，促进了西域地区的社会进步，也丰富了中原汉人的物质生活和精神生活。而张骞出使西域的道路逐渐发展为闪耀史册的丝绸之路。

张骞不畏艰险，两次出使西域，沟通了亚洲内陆交通要道，中国与西欧诸国正式开始了友好往来，促进了东西经济文化的广泛交流，开拓了丝绸之路，完全称得上是中国走向世界的第一人。

玄奘——饮誉华夏

证悟者，如人饮水，冷暖自知。

玄奘（602—664），唐代佛教学者、旅行家、翻译家，唯识宗创始人之一。俗姓陈，名祎，洛州缑氏（今河南偃师缑氏镇）人。13岁出家，法名玄奘，后人称他三藏法师，俗称唐僧。曾经去天竺学习佛经，并根据旅行见闻编写《大唐西域记》一书，成为研究中国西北地区以及印度、尼泊尔、巴基斯坦、孟加拉国、中亚等地古代历史地理以及从事考古的重要资料。由于其在佛教方面取得了斐然的成就，民间广泛流传关于他的故事。吴承恩的小说《西游记》就是从他的故事发展而来的。

■ 精诚所至，金石为开

玄奘从小聪明绝顶，悟性极高，深得父亲的喜爱。他幼时就开始攻读古代经史，平时在家里埋头苦读，就算外边鼓乐喧天、歌舞动地，他仍能安下心来用心读书。

《玄奘西行图》，现藏于日本东京国立博物院

玄奘法师所生的时代佛教广为流行，出家做和尚的人很多，他的二哥陈素，法名长捷，就是在东都洛阳净土寺出家。当时洛阳有四个道场，其中有不少佛学名家。他的这位哥哥对弟弟的学业极为关心，常约玄奘到道场学习佛经，最后，导致玄奘对佛经越来越痴迷。

隋炀帝大业十年，朝廷决定要度27个和尚，举行公开考试。那时玄奘只有十多岁，因读经时间太短，没有被录取。他失望地徘徊在宫门口，主考官过去问他为什么要出家。他说："我要远绍如来，近光遗法。"主考官听到他要继承释迦的事业，弘扬世尊的遗教，特别敬佩他的豪壮志气，就破例把他录取，认为他将来必能成为佛门伟大的人才。就这样玄奘法师在净土寺出家了。

■ 玄奘西游

唐初，玄奘在四川、长安研究佛教理论，感到佛教宗派众多，佛经译文多误，令人无所适从，于是决心到天竺学习佛经，研究解决佛教教义的一些疑难问题。

贞观元年（公元627年），玄奘从长安出发，跟随客商前往西域，出玉门关之后独自西行。经过800里流沙，由天山南路横穿新疆，越过葱岭，通过中亚，于贞观二年（公元628年）夏末到达天竺西北部。然后沿一条由西向东的路线，参谒拜访了恒河流域著名的佛教圣地和高僧。

贞观五年（公元631年）末，玄奘到达摩揭陀国，来到那烂陀寺。那烂陀寺是天竺佛教的最高学府。该寺住持戒贤是印度的佛学权威，年逾90，本已不再讲学，但为表示对中国的友好情谊，特收玄奘为弟子，向他讲授最难懂的《瑜伽论》。

玄奘用5年时间精研佛学理论，取得优异成绩，成为那烂陀寺十大法师之一。接着他外出游学，环游印度半岛，多次参加佛学辩论会，誉满天竺。贞观十五年（公元641年），他返回那烂陀寺，主持寺内讲座。

贞观十九年（公元645年）正月，玄奘带着657部佛经回到长安。唐太宗派宰相房玄龄等人出城迎接，长安城成千上万的老百姓也走出城门欢迎他。

■ 优秀的翻译家

唐太宗在洛阳行宫召见了玄奘，他向太宗介绍了西域及天竺见闻，随即回长安开始翻译佛经，19年间共译出佛经75部1335卷。他具有较高的汉文化素养，又精通梵文，所以译文流畅优美，有些专用名词如"印度"、表示时间的词"刹那"，就是他确定下来的。

玄奘根据旅途见闻，写了一本《大唐西域记》，现已译成多国文字，成为一部世界名著。

玄奘法师不仅把佛经译成中文，据说还曾把中国老子的部分著作译成了梵文。所以，他不仅是古代中国最优秀的翻译家，更是古代中国第一个把中文著作介绍到外国去的文学家。

他一生恭谨好学，专心学术，不骄不躁，行藏合时，深受佛教徒和非佛教徒的崇敬。玄奘不仅是中国佛教界负有崇高声望的大家，而且是中国古代最优秀的翻译家，是中国历史上最富于冒险的、勇于克服困难的、在沟通中印文化上最有贡献的人。

敦煌莫高窟壁画中玄奘的形象

鉴真——六次东渡

是为法事也，何惜身命。

日本奈良唐招提寺内的鉴真雕像

鉴真（688—763），唐朝僧人，日本佛教律宗创始人。本姓淳于，扬州江阳（今江苏扬州）人。曾6次东渡日本，传布律宗，并将中国的建筑、雕塑、医药学等介绍到日本，为中日两国的文化交流做出了卓越的贡献。

■ 接受邀请

唐朝时，日本经常派使臣、留学生、僧人和商人到唐朝访问、学习和通商，因为这些人都是日本政府派遣到唐朝来的，所以被称为"遣唐使"。

这一年，日本派"遣唐使"第九次来到了中国。在这次的"遣唐使"中有两个年轻的和尚，一个叫荣睿，一个叫普照，他们到中国来除了学习佛教，还有一项很重要的任务，就是邀请中国的高僧到日本去讲学和授戒。

荣睿和普照在中国一住就是10年，这10年中，他们虽然学到了不少佛学知识，可是却一直没能邀请到去日本讲学的高僧，倍感失望。就在他俩准备要动身回国的时候，他们听周围人闲聊的时候提到，在扬州大明寺有个鉴真和尚德高望重，学问高深，还曾给4万人授戒。他俩听到这个消息后，即刻从长安启程，赶往扬州。

可是当见到鉴真的时候，他们又犹豫了。鉴真已经是一个满脸皱纹、年近60岁的老人，这么大的年纪他还肯远离家乡，漂洋过海吗？又一想，要是错过这个机会，恐怕再也找不到比鉴真大师更合适的人了。于是俩人深深地向鉴真施礼，说明了来意，恳求他能到日本讲学授戒。

鉴真被他俩的真情诚意深深地打动。于是决定带领弟子一行前往日本。

■ 东渡的不易

鉴真一行人先后4次东渡日本，都失败了。第五次东渡时，刚出海的时候船走得又快又稳，鉴真非常喜悦，可是没过多久，海面上突然刮起大风，天很快暗了下来，大片的乌云遮住了太阳，风浪越来越大。他们乘坐的那只木船，就像一片无依无靠的树叶，一会儿被海浪高高抛起，一会儿又被埋入波谷。

▲ 鉴真第六次东渡图

到了第六天的时候，无情的海风才渐渐平息，海面也慢慢平静下来，船上的人由于几天没吃没喝，加上严重的呕吐，一个个面色青黄，浑身无力。人们的嘴唇都干得裂了口子，嗓子也在冒烟，实在是难受极了，可是船上连一口淡水也没有。

第七天下午，西南天空又出现了一块乌云，大家的心立刻提到了嗓子眼儿，但很快大家都高兴得欢叫起来，原来这是片雨云，顷刻之间大雨倾盆。这真是救命的雨水，大家站在甲板上仰着头，使劲张开干渴的嘴接水喝，又从船舱里把能盛水的器皿都搬出来接满雨水。

船继续向前驶去，到第14天，眼前出现了陆地，鉴真他们使出最后的力气，拼命地划动船桨，很快就靠岸了。这是什么地方呢？虽然快到冬天了，但这里仍是一片苍翠，到处是挺拔的剑麻、成片的椰林。

原来船走错了方向，他们到了我国海南岛的最南端，这第五次东渡，虽然历尽千辛万苦，却还是失败了。

公元752年，日本政府又一次派遣唐使团到了中国。遣唐大使听说了鉴真5次东渡的经历，对鉴真极为敬佩，在第二年10月回国的时候，绕路到扬州专程拜访鉴真，并邀请他一同前往日本。

第二年，日本遣唐使团准备回国，鉴真和随行的徒弟、工匠38人，都随着这个使团前往日本。经过一个多月的航行，鉴真终于到达日本。

鉴真及其弟子曲折的6次东渡，不是徒劳的，他们不仅为日本带去了佛经，还带去了中国先进的文化、科技等信息，促进了中日经济文化交流。鉴真在传播佛教、医药、书法等方面，做出了杰出贡献。

徐霞客——一生纵情大自然

箴言

五岳归来不看山，黄山归来不看岳。

徐霞客（1587—1641），明代著名地理学家。名弘祖，字振之，号霞客，南直隶江阴（今属江苏）人。幼年好学，喜欢读历史、地理和探险、游记之类的书籍。明末政治黑暗，他不愿为官，专心从事旅行。他将其观察所得，按日记载，死后由季梦良等整理成富有地理学价值和文学价值的《徐霞客游记》。

▲ 徐霞客画像

■ 母亲的支持

徐霞客的祖上都是读书人，称得上是书香门第。徐霞客从小喜爱读历史、地理和探险、游记之类的书籍、图册。在私塾读书的时候，老师督促他读儒家经书，他就把地理书放在经书下面偷着看，每到引人入胜的部分，会禁不住眉飞色舞。少年时因其不满朝廷腐败，不愿应科举考试、谋求仕途，却立志游历祖国的名山大川，探索自然的奥秘。

19 岁那年，徐霞客的父亲去世了。他很想外出去寻访名山大川，但是想到母亲年事已高，家里没人照顾，所以没敢提起此事。他的母亲是个读书识字、明白事理的老人，她看出了儿子的心事，便鼓励儿子身为大丈夫，应当志在四方。母亲为他准备了行装，还给他缝制了一顶远游冠。

有了母亲的支持，徐霞客远游的决心更坚定了。这年他 22 岁。从此，直到 56 岁逝世，他绝大部分时间都是在旅行考察中度过的。

■ 艰辛的旅行

徐霞客的游历并不是单纯地为了寻奇访胜，更重要的是为了探索大自然的奥秘，寻找大自然的规律。

他在完全没有政府资助的情况下，先后游历了江苏、安徽、浙江、山东、河北、

河南、山西、陕西、福建、江西、湖北、湖南、广东、广西、贵州、云南等16个省。东到浙江的普陀山，西到云南的腾冲，南到广西南宁一带，北至天津蓟县的盘山处，足迹遍及大半个中国。

他跋山涉水，到过许多人迹罕至的地方，攀登悬崖峭壁，考察奇峰异洞。有一次他在腾越经过一座高耸的山峰，发现悬崖上有一个岩洞，但根本没路可通到那里。他冒着生命危险，像猿猴一样爬上了悬崖，终于到达了洞口。

更可贵的是，在30多年的旅行考察中，徐霞客主要是靠徒步跋涉，连骑马乘船都很少，还经常自己背着行李赶路。他寻访的地方，多是荒凉的穷乡僻壤，或是人迹罕至的边疆地区。他不避风雨，不怕虎狼，与云雾为伴，以野果充饥，以清泉解渴。他几次遇到生命危险，命悬一线，尝尽了旅途的艰辛。

■ 古代地理上的一大奇书

徐霞客在旅途中，无论多么疲劳，每天晚上休息之前，他都坚持把自己当天见到的、听到的都详细地记录下来，即使在荒山野岭里露宿的日子，他也总是在篝火旁，伏在包袱上写日记。公元1641年徐霞客去世后，留下了大量的日记，这实际上是他的地理考察记录。他经过实地考察，纠正了过去地理学上记载的错误，发现了过去没人记载过的地理现象。

徐霞客一生游历了许多名山大川，他写下的游记有240多万字，可惜大多失散了。留下来的经过后人整理成书，就是著名的《徐霞客游记》。这部书40多万字，不但是我国古代地理学上宝贵的文献，而且称得上是一部优秀的文学著作。

1987年，为纪念徐霞客诞辰四百周年，中国人民邮政特别印发了一套反映徐霞客游历名山大川的纪念邮票

蔡元培——教育改革的先行者

箴言

知教育者，与其守成法，毋宁尚自然；与其求划一，毋宁展个性。

■ 教育可以救国

蔡元培出生于商贾之家，少年时期饱读经史，17岁考取秀才，18岁任塾师，21岁中举人，24岁中进士，26岁任翰林院编修。1898年戊戌变法失败，他认为革新必先培养人才，于是走上倡导教育救国之路。

20世纪初，蔡元培在上海组织中国教育会，创办爱国女校和爱国学社，致力于打破封建主义教育，为反清革命培养人才。1906—1916年年间，他赴德法留学。1912年他出任中华民国第一任教育总长，对封建教育进行改革，初步建立了资产阶级教育体系。1917年任北京大学校长后，他提出"思想自由""兼容并包"的办学方针，对北大进行全面改革，使之成为新文化运动的中心，成为研究学术、传播新思想、培养新人才的基地。

蔡元培先生

蔡元培（1868—1940），中国近代著名教育家。字鹤卿，号孑民，浙江绍兴人。曾留学德法，1917年任北京大学校长，革新北大，开"学术"与"自由"之风。他提倡民权与女权，倡导自由思想，致力革除"读书为官"的旧俗，开科学研究风气，重视公民道德教育及附带的世界观、人生观、美学教育。1919年五四运动爆发后被迫辞职。

■ 教育主张

"思想自由""兼容并包"，是蔡元培担任北京大学校长时提出的办学方针。他认为大学是"囊括大典，网罗众家"的学府，应该广集人才，容纳各种学术和思想流派，使其互相争鸣，自由发展。墨守成规，抱残守缺，持一孔之见，守一家之言，实行思想专制，是不可能使学术得到发展的。

他说："对于学说，循'思想自由'原则，取兼容并包主义。""无论何种学派，苟其言之成理，持之有故，尚不达自然淘汰之命运者，虽彼此相反，而悉听其自由发展。"他要求学生要"以研究学术为天职""砥砺德行""敬爱师友"；鼓励学生兼听不同学派的课，进行独立评判，并大力支持学生成立各种学会和研究会，培养学生自由思考和独立研究学术的能力。

蔡元培主张学与术分校，文与理通科。他认为学与术，既有联系，又有区别。学为学理，术为应用，学必借术以应用，术必以学为基本，两者并进始可。在这一思想的指导下，他把北京大学工科并入北洋大学，取消文理各科界限，并且改"学年制"为"选科制"，使学生能"专精之余，旁及种种有关系之学理"。

蔡元培还提出"教育独立"的主张。他认为，"教育是帮助被教育的人，使其发展他的能力，完成他的人格；而不是把被教育的人，造成一种特别器具，为那些对他抱有目的的人去应用。所以，教育事业应当完全交给教育家，保有独立的资格，毫不受各派政党或各派教会的影响。即教育事业应超然于各派政党或各派教会以外"。

蔡元培的教育主张，能根据本国需要，兼采各国所长，"食而化之"。这在当时的历史条件下，对中国教育的发展，特别是高等教育的革新，起了推动作用。

■ 现代教育之父

蔡元培从资产阶级男女平等的思想出发，主张推广和普及女子教育，开中国男女同校的先河。他先在上海创办爱国女校，并在1912年任教育总会长规定：小学实行男女同校。1917年他任北京孔德学校校长，首开中学男女同校的先例。1919年，他又在北大开创了近代中国大学实行男女同校的先河，在政治和思想上都产生了极大的影响。

蔡元培被任命为北京大学校长的任命状

1940年3月5日，蔡元培在香港逝世，毛泽东、周恩来致电悼念，称其"为革命奋斗40余年，为发展中国教育文化事业勋劳卓著"。毛泽东更是称之为"学界泰斗，人世楷模"，给予这位中国现代教育制度的开拓者以崇高的赞誉。

蔡元培生于动荡剧变的年代，一生致力于发展民主和教育事业。在理论和实践上积极倡导和推进现代教育，其理论建树和对教育制度的重大改革，深刻影响了我国20世纪上半叶的教育发展进程，成为当之无愧的我国现代教育之父。

王羲之——"一代书圣"

箴言

夫人之相与，俯仰一世。或取诸怀抱，悟言一室之内；或因寄所托，放浪形骸之外。

■ 苦练书法

王羲之自幼酷爱书法，13岁那年，偶然发现他父亲藏有一本名为《说笔》的书法书。父亲担心他年幼不能保密家传，想等他长大之后再传授。没料到，王羲之竟跪下请求父亲允许他现在阅读，父亲很受感动，答应了他的请求。

王羲之练习书法很刻苦，甚至连吃饭、走路时都不放松练习，无时无刻不在研习书法。没有纸笔，他就在身上画写，久而久之，衣服都被他划破了。

他有时练习书法竟达到了忘我的程度。一次，他练字忘了吃饭，家人把饭送到书房，练字正入迷的他竟不假思索地用馍馍蘸着墨吃起来，还觉得很有滋味。当家人发现时，他已是满嘴墨黑了。

王羲之常临池书写，就池洗砚，时间长了，池水尽黑，人称"墨池"。现在绍兴兰亭、浙江永嘉西谷山、庐山归宗寺等地都有被称为"墨池"的名胜。王羲之的书法艺术和刻苦精神备受世人赞许。

■ 东床快婿

传说，王羲之的婚事是这样定下的。王羲之的叔父王导是东晋的宰相，与当朝太傅稀鉴是好朋友，稀鉴有一位如花似玉、才貌出众的女儿。

▲ 王羲之画像，出自上官周创作的《晚笑堂竹庄画传》

王羲之（321—379，一作303—361，又作307—365），东晋时期著名的书法家。字逸少，琅琊临沂（今属山东）人。王羲之早年跟卫夫人学习书法，后来改变初学，草书学张芝，正书学钟繇，并博采众长，推陈出新。其书法诸体皆精，尤其擅长正行，字体雄强多变化，对后世产生了极大的影响，被后人尊称为"书圣"。

▲
王羲之的《兰亭集序》局部

一日，稀鉴对王导说，他想在王导的子侄中为女儿选一位满意夫婿。王导当即表示同意。

王导回到家中将此事告诉了诸位子侄，子侄们久闻稀家小姐德贤貌美，个个欣喜不已。稀家来人选婿时，诸子侄都忙着更冠易服精心打扮。唯有王羲之不问此事，仍躺在东厢房的床上专心琢磨书法艺术。

稀家来人看过王导诸子侄后，回去向稀鉴回话："王家诸儿郎都不错，只是知道是选婿有些拘谨。只有东厢房那位公子躺在床上毫不介意，只顾用手在席上比画什么。"

稀鉴听后，高兴地说："东床上那位公子，必定是在书法上学有成就的王羲之。此子内含不露，潜心学业，正是我意中的女婿。"于是，稀鉴把女儿嫁给了王羲之。王导的其他子侄十分羡慕王羲之，称他为"东床快婿"，从此"东床"也就成为女婿的美称。

■ 王羲之书换白鹅

王羲之认为养鹅不仅可以陶冶情操，而且能从鹅的某些体态姿势上领悟到书法执笔、运笔的道理。

一天清晨，王羲之和儿子王献之乘一叶扁舟游历绍兴山水风光，游到县禳村附近，见岸边有一群白鹅，那摇摇摆摆的模样，娇憨丰盈的体态令王羲之看得出神，不觉对这群白鹅产生了喜爱之情，便想把它们买回家去。他询问白鹅的主人——一位道士，希望道士能把这群鹅卖给他。道士说："倘若右军大人想要，就请代我书写一部道家养生修炼的《黄庭经》吧！"王羲之求鹅心切，欣然答应了道士提出的条件。

王羲之的书法影响了一代又一代的人。历史上第一次学王羲之的高潮在南朝梁，第二次则在唐代。唐太宗极其推崇王羲之，不仅广为收罗王羲之的书法，且亲自为《晋书·王羲之》撰赞辞，从此，王羲之在书学史上至高无上的地位被确立并巩固下来。

关汉卿——"曲家圣人"

箴言

我是个蒸不烂、煮不熟、捶不扁、炒不爆、响当当的一粒铜豌豆。

苏联于1958年发行的关汉卿纪念邮票

关汉卿（生卒年不详，约生于金末，卒于元），元代戏曲作家、中国古代戏曲创作的代表人物。号已斋叟，大都（今北京市）人。他创作的杂剧有60余种，现存最著名的有《窦娥冤》《救风尘》《拜月亭》《调风月》《望江亭》《单刀会》等。与马致远、郑光祖、白朴并称为"元曲四大家"，关汉卿居"元曲四大家"之首，世称"曲圣"。

■ 在作品中暴露黑暗的社会

关汉卿是13世纪我国元代大剧作家，他当时生活在一个政治黑暗，官场腐败，社会动荡不安的时代；一个阶级矛盾和民族矛盾突出，人民生活在水深火热之中的不安定的时代。人民的财产可能随时被侵吞，性命可能随时被杀害。关汉卿通过自己的剧作无情地抨击了黑暗的统治阶级，深刻地揭露了元代社会的黑暗，是映射元代残酷的民族压迫和阶级压迫的一面镜子。

■ 《窦娥冤》的悲剧色彩

在关汉卿的笔下，写得最为出色的妇女形象就是窦娥，她的悲剧命运，是最具震撼力和典型意义的。窦娥是一位善良而多难的女性，蒙受封建统治阶级的种种凌辱和迫害。她3岁丧母，7岁做了童养媳，17岁结婚，两年后丈夫病逝，之后，她和婆婆相依为命，对婆婆孝顺备至。当地的地痞流氓张驴儿父子恃强凌弱，经常跑去欺凌、羞辱窦娥和婆婆。一次，张驴儿的父亲误服毒药致死，凶手张驴儿竟嫁祸于窦娥。在公堂上，窦娥努力地为自己辩解，可是贪官竟只听信张驴儿的一面之词，窦娥对黑暗的社会彻底失望了，在贪官的屠刀下，她奋力呐喊，以死后血溅白练、六月降雪和大旱三年的异常事象证实她的清白。

窦娥的悲剧是元代黑暗社会的缩影，处于社会底层的窦娥本不想与现实作对，但黑暗的现实却逼得她爆发出反抗的火花，更使她怀疑天理的存在，许下了悲愤的誓愿。

窦娥不仅是封建屠刀下的屈死鬼，更是黑暗社会的控诉者和抗争者。关汉卿的《窦娥冤》被"列之于世界大悲剧中亦无愧色"，堪称"中国古典悲剧的典范"。关汉卿以"人命关天关地"的高度社会责任感，揭露了封建社会"官吏们的无心正法，使百姓有口难言"的社会问题，强烈地控诉了封建制度与民为敌、残民以逞的罪恶。

■ 文学地位

关汉卿是中国文学史和戏剧史上一位伟大的作家，他一生创作了众多杂剧和散曲作品，成就杰出。他的剧作为元杂剧的繁荣与发展打下了坚实的基础，他是元杂剧的奠基人。

关汉卿一生创作了 60 多部杂剧，从民间传说、历史资料到社会现实，汲取了各个方面的素材，真实地表现了元代人民反对封建阶级剥削与民族压迫的斗争。他严肃的创作态度与批判现实的斗争精神对后世有着巨大影响。

1958 年，中国人民邮政为纪念关汉卿戏剧创作 700 周年而特别发行的纪念邮票及小型张，从左至右，三张邮票的内容分别是：蝴蝶梦、肖像、望江亭

关汉卿的作品是一个丰富多彩的艺术宝库，早在 100 多年前，他的《窦娥冤》等作品就已被翻译介绍到欧洲。中华人民共和国成立后，关汉卿的研究工作受到高度重视。1958 年，关汉卿被世界和平理事会提名为"世界文化名人"，北京还举行了隆重的"关汉卿戏剧活动 700 年纪念大会"。他的剧作被译成外文，在世界各地广泛传播，外国人称他为"东方的莎士比亚"！经过 700 多年历史的考验，关汉卿在中国戏剧史和世界文化史上的地位，已被大家所公认。他的创作遗产已成为民族艺术的精粹，人类文化的瑰宝，全世界人民的共同财富。

梅兰芳——艺术使节

京剧艺术大师梅兰芳

梅兰芳（1894—1961），著名京剧演员。名澜，字畹华，原籍江苏泰州，生于北京。出身京剧世家。在长期的舞台实践中，对京剧旦角的唱腔、念白、舞蹈、音乐、服装、化妆等方面均有创造发展，形成了自己的艺术风格，影响很广，世称"梅派"。他曾先后赴日、美、苏等国进行文化交流，是第一个把中国的京剧艺术传播到海外的京剧艺术大师。

箴言

我是个拙笨的学艺者，没有充分的天才，全凭苦学。

■ 京剧泰斗

梅兰芳出生于北京的一个梨园世家。他的祖父梅巧玲是19世纪著名的京剧演员，兼擅青衣花旦，是"同光十三绝"之一。他的父亲也是一位多才多艺的京剧演员，在京剧中扮演过小生、花旦角色。梅兰芳自幼受到的艺术熏陶，为他后来在京剧艺术方面的开拓发展奠定了基础。

梅兰芳幼年的生活相当艰苦，他父母早逝，依靠为伯父伴奏的微薄收入来维持生活。他8岁开始学艺，11岁登台演出，这期间他除了学青衣戏外，还学花旦戏、武功、昆曲等，还时常去剧院看戏，用心比较、琢磨前辈艺术家们的艺术精华。

梅兰芳平时除了演戏练功外，业余爱好十分广泛，特别喜欢养鸽子、养花、练习书法和绘画，而这些爱好对他提升表演艺术起了很大作用。梅兰芳眼睛微微近视，有时还迎风流泪，眼珠转动也不灵活，因此每当黄昏时分，他就会放飞鸽子翱翔空中，让自己的眼睛随着鸽子转动，认真锻炼眼力。日久天长，双眼变得灵活自如，透亮传神。

■ 用自己的作品唤醒人民的抗战斗志

1931年"九一八"事变后，梅兰芳迁居上海，他排演《抗金兵》《生死恨》等剧，宣扬爱国主义。1935年，他率团赴苏联及欧洲演出并考察国外戏剧。梅兰芳把中国京剧表演艺术和艺术家的谦逊、朴实的优良品质介绍给了各国人民，因此人们称他为"20世纪20年代至50年代中国京剧艺术的文化使节"。

抗日战争爆发后，日伪想借梅兰芳收买人心、粉饰太平，几次邀他出场都被拒绝。梅兰芳考虑到上海不能久留，于1938年赴香港。他在香港演出《梁红玉》等剧，激励人们的抗战斗志。1941年香港沦陷，为了拒绝给日伪演戏，梅兰芳蓄须明志，深居简出，表现了崇高的民族气节。

抗战胜利后，梅兰芳迁到上海居住，复出登台表演。1948年他拍摄了中国第一部彩色戏曲片《生死恨》。1956年，梅兰芳率中国京剧代表团到日本演出。1959年5月，他在北京演出《穆桂英挂帅》，作为国庆10周年献礼节目。1961年8月8日，梅兰芳在北京逝世。

■ 对京剧事业的杰出贡献

梅兰芳一生热爱祖国，热爱人民，把毕生的精力献给了京剧艺术事业。在半个多世纪的舞台生涯中，他继承传统、勇于创新，一丝不苟、精益求精，将我国戏曲艺术的精华集于一身，创作了众多令人难忘的经典艺术形象，积累了大量的优秀剧目，发展并改良了京剧旦角的演唱和表演艺术，形成了独具特色、有大家风范的表演艺术流派——梅派。他对现代中国戏曲艺术的发展起了承前启后的作用。在海内外，梅兰芳被誉为"伟大的演员"和"美的化身"，以梅兰芳为代表的中国戏曲表演艺术被认为是当今世界三大主要表演体系之一。

◀ 梅兰芳《贵妃醉酒》

冼星海——抗战音乐家

箴言

我有我的人格、良心，不是钱能买的。我的音乐要献给祖国，献给劳动人民大众，为挽救民族危机服务。

▲ 最后长眠在异国他乡的音乐家冼星海

冼星海（1905—1945），中国近代作曲家、钢琴家、音乐教育家。曾用名黄训、孔宇，祖籍广东番禺人，出生于澳门。先后在岭南大学预科、北京艺术专门学校音乐系、上海国立音乐学院及法国巴黎音乐学院学习音乐。主要作品有《黄河大合唱》《生产大合唱》等四部，歌曲《到敌人后方去》《游击军歌》《在太行山上》等。他继聂耳之后，以更广泛的题材、体裁和更丰富的艺术手法表现中国人民的解放斗争，对全国抗日军民起到了鼓舞作用，尤其是《黄河大合唱》影响更广泛。

■ 童年困窘的"南国箫手"

1905 年，冼星海出生在一个贫苦的船工家庭，因为他诞生在一艘星夜大海下的渔船上，因此取名"星海"。他出生前父亲就已经去世，一直是靠母亲做佣工和祖父接济生活。尽管生活艰难，但祖父仍然把 6 岁的冼星海送进了私塾，直到祖父病逝，他才辍学随母亲去了新加坡。

13 岁时，冼星海回到广州。也许要感谢岭南大学基督教青年会所办的义学，让他有机会参加了学校的管乐队，表现出了非凡的音乐天赋。冼星海擅长吹奏单簧管（也称黑管，民间称"洋箫"），有"南国箫手"的美誉。

▲ 二十多岁的冼星海在上海学习音乐时的留影

1926 年春，冼星海考入北京大学音乐传习所，第二年进入上海国立音乐学院，主修小提琴和钢琴。

■ 《黄河大合唱》走向艺术巅峰

1939 年，冼星海去看望病床上的青年诗人光未然，光未然为他朗诵了诗作《黄河吟》，还给他讲述了黄河呼啸奔腾的壮丽景象，这使得冼星海的内心与诗人产生了共鸣，乐思如潮，萌发了创作《黄河大合唱》的想法。

回到住处，他倾力作曲，半月之内完成了 8 个乐章的谱曲，写就了这一时代的中华民族的音乐史诗。《黄河大合唱》以黄河为背景，热情歌颂了中华民族的不屈不挠、能够战胜任何艰难险阻的顽强意志和斗争精神，愤怒地控诉了敌寇的入侵给黄河两岸人民所造成的深重灾难，最后以激昂的旋律威武雄壮地奏响了中国人民在共产党领导下，为反日寇侵略，为保卫黄河、保卫全中国而英勇战斗的时代最强音。整个作品自始至终都以扣人心弦的艺术感染力，鼓舞人们为真理和正义而战斗，对未来和胜利充满信心。

1939 年 5 月 11 日，《黄河大合唱》在延安庆祝鲁艺成立周年晚会上首次公演，冼星海穿着灰布军装和草鞋、打着绑腿指挥《黄河大合唱》，全场为之轰动。

冼星海凭借艺术家的灵感进行创作，在一年多的时间里达到了他个人创作上的巅峰，也成就了中国革命音乐史上的高峰。

■ 在异国的土地上长眠

1940 年 5 月，冼星海赴苏联，为大型纪录片《延安与八路军》进行后期制作与配乐，临行前，毛泽东在家中为他饯行。

然而一年后，冼星海的命运发生了重大转折：苏德战争爆发，该片制作停顿；他打算经新疆回延安，却因当地军阀中断交通，被迫羁留于哈萨克斯坦的阿拉木图，成了一个战争背景下的旅居者。

在供给十分困难的战时条件下，冼星海的身体每况愈下，但他仍相继完成了《民族解放交响乐》《神圣之战》、管弦乐组曲《满江红》、交响诗《阿曼该尔达》和以中国古诗为题材的独唱曲。战争结束后，他回到莫斯科，于 1945 年 10 月在克里姆林宫医院病逝，年仅 40 岁。

音乐家属于人民，他将得到永久的怀念。当年，延安各界为冼星海举行了追悼会，毛泽东亲笔题词："为人民的音乐家冼星海致哀。"1999 年 11 月，哈萨克斯坦共和国阿拉木图市的弗拉基米尔大街被命名为冼星海大街。江泽民访问哈萨克斯坦时还曾到冼星海当年的故居凭吊。

邵逸夫——香港娱乐圈教父

1927 年，20 岁的邵逸夫

我做事的态度，便是要把每件事都做好，即使是最微细的部分，也要彻底做好。一样事情不做到十全十美，我是绝对不放松的。

邵逸夫（1907—2014），原名邵仁楞，生于上海，祖籍浙江宁波。香港电视广播有限公司荣誉主席，邵氏兄弟电影公司的创办人之一，香港上海商会成员，娱乐业大亨，著名的慈善家。多年来，邵逸夫为内地、香港两地建设教育、医疗设施等捐助了数以百亿计的款项。1974 年，邵逸夫先生获英女王颁发 CBE 勋衔，1977 年获英女王册封为爵士，成为香港娱乐业获"爵士"头衔的第一人。1990 年，中国政府将中国发现的 2899 号行星命名为"邵逸夫星"。

■ 邵氏影城

1907 年，邵逸夫出生于上海。早年他就读于家乡庄市叶氏中兴学校，之后在美国人开办的上海英文学校"青年会中学"学习，并练就了一口流利的英语。

当邵逸夫在"青年会中学"念书时，就已经加入长兄邵仁杰主导成立的上海天一影片公司，并助兄长开拓外埠发行。1925 年，邵氏兄弟在上海成立"天一影片公司"（即邵氏兄弟电影公司的前身）。

1926 年，中学毕业的邵逸夫应三哥邵仁枚之邀，南下新加坡协助开拓南洋电影市场。之后，邵氏兄弟带着一架破旧的无声放映机和"天一"影片，在举目无亲的南洋乡村巡回放映，并开设游艺场和电影院。1930 年，邵逸夫和三哥邵仁枚成立了"邵氏兄弟公司"。

1932 年，受战事影响，上海局势不稳，"天一影业"决定迁往香港发展，并建立了"天一港厂"。期间，由邵逸夫任制片和导演的中国首部有声电影《白金龙》上映即引起轰动，将中国观众带入电影的"有声时代"。

1957 年，邵逸夫回到香港，以 32 万元买下清水湾地皮，兴建邵氏影城，成立了"邵氏兄弟（香港）有限公司"，并自立发展他的电影事业。邵氏影城全盛时期，员工超过 1300 人，被外国传媒誉为"东方的好莱坞"。

到 20 世纪六七十年代，邵氏兄弟出产了 1000 多部电影；在日本、泰国、新加坡、澳大利亚等几十个国家和地区建立了

200 多个发行网点，专门放映邵氏公司拍摄的中国影片；当年风靡亚洲的影星，如胡蝶、阮玲玉、李丽华、林黛、凌波等无不出自邵氏门下。

转战电视行业

1967 年，邵逸夫创建香港无线电视（TVB），并于 1971 年开设了被誉为"港星摇篮"的训练班，香港演艺圈的"黄金一代"如周润发、周星驰、梁朝伟、刘德华、郭富城、刘嘉玲等顶尖巨星及大导演杜琪峰等人都出自这个训练班。

香港无线电视（TVB）是世界第一大粤语和华语商营电视台，其经营的免费中文电视频道翡翠台，自 1967 年 11 月 19 日开播以来，一直处于香港电视频道中的收视领军地位，是香港大众文化的重要组成部分。

慈善大家

早在 1973 年，邵逸夫就设立了邵氏基金会，致力于各项社会公益事业，尤其在兴办教育、培养人才方面更是成就斐然。以邵逸夫命名的"逸夫楼"遍布中国高等院校，他捐赠的教学楼、图书馆、科技馆及其他文化艺术、医疗设施遍布中国各地。多年来，邵逸夫捐助的款项数以百亿计，每当洪灾、海啸、地震等灾害发生时，他都会慷慨解囊，践行其财富取之于民并要还之于民的信条。邵逸夫晚年还拨出资金，成立了有东方诺贝尔奖之称的"邵逸夫奖"，以表彰在教育和科研有杰出贡献的人物，支持香港、中国大陆以及世界其他地区的科学研究。

2014 年 1 月 7 日清晨，邵逸夫先生在香港家中安详离世，享年107 岁。这位"香港影视界泰斗"不仅在娱乐界留下了浓墨重彩的一笔，其对于慈善事业的付出和努力功德无量，也在世人眼中堪称传奇。

福建农林大学的逸夫楼摄影 Dingar

聂耳——乐坛巨星

▲ 聂耳原名聂守信，后来因为酷爱音乐把名字改成了聂耳

箴言

脑筋若无正确思想的培养，任它怎样发达，这发达总是畸形的发达，那么一切的行为都没有稳定而正确的立足点。

聂耳（1912—1935），我国无产阶级革命音乐的奠基者，中华人民共和国国歌的作曲者。云南玉溪人。原名守信，字子义（一作紫艺）。他的作品具有鲜明的民族特征和时代精神，是我国当之无愧的革命音乐的开路先锋。代表作有《卖报歌》《开路先锋》《毕业歌》《铁蹄下的歌女》，以及中华人民共和国成立后定为国歌的《义勇军进行曲》等。

■ 热爱音乐的"耳朵先生"

聂耳从小家境贫寒，父亲是个中医。4岁时父亲去世，母亲靠经营药铺和帮人做针线养活全家。童年时的聂耳，受到云南丰富而优美的民间音乐和戏曲的熏陶，十分喜爱音乐，而喜爱唱民歌的母亲就成了他最早的音乐启蒙老师。

1927年，他考入省立第一师范学校。上大学期间，聂耳为生活所迫去烟店当过店员，后考入明月歌剧社，自19岁起正式开始了专业艺术生涯。当时，他因耳朵非常敏锐，得到了一个"耳朵先生"的绰号，他索性就此改名聂耳。

■ 在苦难中汲取营养

从小家境贫寒的聂耳对劳苦大众有着深厚的感情。他在北平时，初冬都穷得买不起衣服，但是仍然会跑到天桥等地，用有限的生活费来收集北京民间的音乐素材，并在"充满了工人们、车夫、流氓无产阶级的汗臭"环境中聆听卖嗓子、卖武功的吆喝，从中了解他们"生命挣扎"的心曲。在上海，他经常踏着晨霜夜露体验女工上下班的辛苦，从而创作出《新女性》。聂耳还与很多小报童成为了朋友，对他们嘘寒问暖，那首著名的《卖报歌》正是在这种环境下吟诵出来的。

聂耳在电影《城市之夜》中饰演一位小提琴手

在北京时，有一次聂耳连续登台4天仅仅得到6元钱的报酬，这不禁使他更憎恨资本家老板的冷酷剥削，其作品也不断呼喊出人民要求解放的心声。

1932年，在上海"一·二八"事变的大环境下，聂耳在日记中首次提出"怎样去做革命音乐"的设想。聂耳是一个天才音乐家，又是一个革命者，而恰恰是因为后者，才能出现前者的辉煌。他的一系列作品，特别是《义勇军进行曲》，正是共产党领导人民革命的产物。

中国革命的音乐家

1935年7月17日，聂耳在日本不幸溺水而亡，年仅23岁。此时正值电影《风云儿女》上映，《义勇军进行曲》首次在银幕上响起，并在以后作为民族革命的号角响彻中华大地。

中华人民共和国成立前夕征集国歌时，周恩来就提出用《义勇军进行曲》做国歌，并在新政协会议上一致通过。在1949年的开国大典和每年的国庆节，聂耳谱写的乐章都雄壮地奏响，这足以告慰亡逝于异国的英灵。

聂耳是每个中国人都熟悉的名字。他在有限的生命中创作了数十首革命歌曲，开辟了中国新音乐的道路，是中国无产阶级革命音乐先驱。他创作了雄壮的《中华人民共和国国歌》，奏响了中华民族解放的最强音，激励着一代代中国人"前进！前进！前进！进！"

▲ 位于日本江之岛鹄沼海岸的聂耳墓。为了纪念游泳时不幸溺水身亡的聂耳，日本当地的有志之士于1954年修建了聂耳纪念碑，但不幸遭台风袭击损毁，1965年得以重建。1985年日本当地政府出资修缮了聂耳墓，并新建了聂耳纪念碑，由当时的藤泽市市长叶山峻题写碑文，碑文陈述了聂耳对音乐事业所做的贡献，表达对其英年早逝的惋惜，最后祝愿聂耳生前的微笑能成为中日世代友好的基石

常香玉——爱国艺术家

常香玉（1923—2004），著名豫剧表演艺术家。原名张妙玲，出生在河南巩县（今巩义市）附近。她大胆创新，融合豫东祥符各调，并吸收曲剧、山西梆子、河北梆子、京剧等唱腔，开豫剧唱腔改革之先河。1951年为支援抗美援朝，她率香玉剧社巡回西北、中南各地义演半年，用演出的收入捐献战斗机一架，被誉为"爱国艺人"。1952年，她参加第一届全国戏曲观摩演出大会，以《花木兰》一剧获荣誉奖。她是中国文联荣誉委员，曾担任中国戏剧家协会副主席、河南省文联副主席、河南省戏剧家协会主席、河南豫剧院院长、河南省戏曲学校校长、沈阳音乐学院教授等职，是豫剧艺术史上的一代宗师。

箴言

好好演戏，好好做人！

"皮开肉绽"的生活

1923年秋天，常香玉出生在河南巩县一个普通家庭，常香玉的父亲是当地小有名气的豫剧演员。1932年，父亲为了不让常香玉做童养媳，把9岁的她领上了学戏的道路。

没有文化的常父认定"戏是苦虫，非打不成"，于是在小香玉学习豫剧的过程中，经常把常香玉打得皮开肉绽。经过近乎残忍的磨炼，常香玉终于没有让父亲失望。1935年腊月，常香玉随戏班闯荡开封，不久开始在舞台上崭露头角，由垫戏改为了中轴，成为主演之一。

▲ 著名表演艺术家常香玉

胆识过人

1943年5月的一天，常香玉被人用枪杆子抵着，去给娶小老婆的青帮头子李越林唱堂会，常香玉气愤极了，眼前蓦地闪现出《孔雀东南飞》中的悲剧场面，悄悄地向拉板胡的师傅伸了两个指头，暗示她要唱"二八板"。在如泣如诉的琴声中，常香玉唱起了"刘兰芝寻死"的戏段。

调子越来越激烈高亢，当唱到"苍天降下无情剑，斩断夫妻好姻缘"时，突然有人大喝一声："常香玉唱的是'刘兰芝寻死'，一场喜事让她给搅了！"堂内顿时乱作一团。常香玉纵身跳上桌子，取下手上的金戒指，愤恨吞下。

就在那次住院抢救的日子里，常香玉结识了后来终生厮守、相濡以沫的丈夫陈宪章，一位河南籍的知识分子。在他们喜结连理之后，陈宪章干脆辞去工作，专为常香玉量身定做，写作剧本。

■ 妇唱夫随

在1947年的一次演出中，常香玉因发高烧而把一句唱词忘记了，有经验的艺人都有这样的本事，词忘了，就即兴编一句补上。常香玉这次也是如此。那晚散场以后，常香玉对着寥阔的夜空放声大哭，她觉得对不起观众的血汗钱，发誓这一辈子决不再糊弄观众。闻讯赶来的陈宪章随即安慰妻子说："以后你每一场演出，我都坐在观众席上，挑你的毛病，回来教你改正。"后

▲ 常香玉塑造的经典的花木兰的豫剧形象

来事实证明，他们两人谁也没有食言。从此常香玉在舞台上再也没有忘过词，失过手；陈宪章也没有一场不坐在台下看常香玉的演出，他为常香玉提出的唱腔和表演方面的意见，都成了塑造一个伟大艺术家的关键因素。

在常香玉和陈宪章几十年妇唱夫随的艺术生涯中，他们合作创作演出了上百个豫剧剧目，特别是被世人公认为常香玉代表作的"红、白、花"（《拷红》《白蛇传》《花木兰》）。有人统计过，全国至少有30个剧种进行过改编，堪称舞台经典，传世佳作。

■ 为抗非典捐款2万

"文革"后，常香玉过上了舒心的日子，与陈宪章一起研究剧作，教书育人。2000年，相伴50多年的丈夫离开了常香玉，陈宪章在诗作中描述的"比翼双飞江湖游，无悔无恨不知愁"的快乐日子一去不复返了。

丈夫去世后不久，悲痛中的常香玉患上了癌症，人们很少再听到有关常香玉的消息。但是2003年春天，在"非典"肆虐的日子里，常香玉的名字再一次被人们所关注，这位老人向抗击"非典"的医护人员捐赠了2万元人民币。

■ 豫剧界的一代宗师

常香玉在豫剧的唱腔音乐发展史上做出了巨大的贡献，占据着特殊的地位，发挥着承前启后的作用。常香玉不仅是位杰出的豫剧表演艺术家，还是一位才华横溢的豫剧唱腔旋律作家。她在豫剧唱腔发展史上的贡献主要表现在两个方面：一是对豫剧唱腔的创新和拓展。二是把豫剧唱腔的演唱方法引上专业化和科学化的道路。所以，常香玉有豫剧艺术史上"一代宗师"的称号。

李小龙——国际功夫巨星

▲ 香港星光大道上的李小龙像

箴言

我绝不会说我是天下第一，可是我也绝不会承认我是第二。

李小龙（1940—1973），原名李振藩，出生于美国加州旧金山，祖籍中国广东。他是世界武道变革先驱者、武术技击家、武术哲学家、功夫影帝、功夫电影的开创者和截拳道创始人、华人武打电影演员，也是中国功夫首位推广者、好莱坞首位华人演员。

■ 开设武馆

李小龙幼时身体非常瘦弱，他父亲为了使儿子体魄强壮，便在他 7 岁时教其练习太极拳。

1954 年，李小龙拜叶问为师，学习咏春拳，并在家中设一座木桩，每天对着木桩勤练不辍。此外，他还练过螳螂拳、洪拳、少林拳、戳脚、节拳、白鹤拳等诸多拳种，为后来自创截拳道打下了坚实的基础。

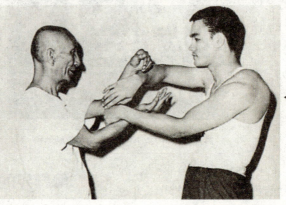

◄ 叶问师傅教授李小龙咏春拳法

1959 年，因常与人争斗以致学习成绩不佳，19 岁的李小龙被父母送往出生地美国读书。在校期间，他除了学习外，便把精力都放在研习武术上。他还在学校组织了一支"中国功夫队"，经常在校园里进行训练和表演，博得了师生们的好评。

经过潜修苦练，李小龙的功夫逐渐娴熟甚至达到更高的境界，其中，"李三脚""寸拳"和"勾漏手"更是他的绝招。李小龙是个多面手，除了精通各种拳术外，还擅长长棍、短棍和双节棍等各种器械，并研习气功和硬功。

为了宣扬中华武术,李小龙在大学二年级期间,租了校园的一个停车场角落作为武馆,挂起了"振藩国术馆"的牌子。他边教边练,刻苦磨炼,武艺大有长进,尤以腿功造诣更为精深。

随后,"振藩国术馆"的规模和设备不断完善,吸引了不少好莱坞明星和世界显赫的武打明星登门拜访,交流经验,"中国功夫"也从此悄悄地走向了世界。

■ 国际功夫巨星的诞生

1971 年夏,李小龙接受香港嘉禾电影公司的邀请,以 1.5 万美元的片酬签下了《唐山大兄》和《精武门》两部影片。《唐山大兄》是第一部以中国武术为题材的影片,该片当初预算只有 10 万美元,而且剧本也是边拍边写的,但就是在这种情况下却创下了香港开埠以来的电影最高票房纪录——300 万港元。之后的《精武门》比《唐山大兄》增加了一倍的预算,结果同样引起了巨大的轰动并再次打破亚洲票房纪录。李小龙在片中展现的大无畏精神和惊人的打斗技巧,特别是他表演的"李三脚""地躺拳"和"双节棍",令人赞不绝口。

此后,李小龙又自组协和电影公司自编、自导、自演了影片《猛龙过江》和《死亡游戏》,其中《猛龙过江》更是面向世界发行。随后,李小龙与美国好莱坞华纳电影公司联合拍摄了《龙争虎斗》,并亲自担任了主角。结果,《龙争虎斗》在美国放映时,不仅取得了惊人的票房,而且在票房上击败很多同期上映的一级好莱坞大片,好莱坞新的功夫片由此诞生。

1966 年李小龙在电视剧《青蜂侠》中的造型

刘长春——一个人的奥林匹克

▲ 刘长春是中华民国参加奥林匹克运动会的第一人

篆言

我是中华民族炎黄子孙，是中国人，绝不代表日伪满洲国参加奥运会！

刘长春（1909—1983），大连人，中国早期著名短跑运动员，与当时另一位短跑名将程金冠并称为"北刘南程"。1932年，他代表中国参加了第十届洛杉矶奥运会，成为中国有史以来第一个参加奥运会的运动员，因此被称为"中国奥运第一人"。他代表中国向世界宣告：奥运会，中国人来了！

■ 田径爱好者

刘长春1909年出生于辽宁省大连市北河口（今甘井子区凌水镇河口村），从小就喜欢体育，热爱运动，上学期间，他的体育成绩在全校一直名列前茅。由于家庭贫寒，在刘长春中学一年级的时候，母亲再无力给他交付学费。怀揣着伟大的体育梦想的刘长春只能无奈退学，进入到一家玻璃厂当画工。

由于他具有很强的体育天分，尤其是短跑成绩突出，在东北大学体育部部长孙庆博的帮助下，他于1927年进入了东北大学体育系学习。刘长春深知这次机会来之不易，发奋锻炼，立志要在田径跑道上创造好成绩，为中国人争光。

■ 狂热的爱国情绪

1929年5月31日至6月2日，刘长春在沈阳举行的第十四届华北运动会上一举打破100米、200米和400米3个短跑项目的全国纪录，成绩分别是10.8秒、22.4秒和52.4秒。刘长春100米项目10.8秒的成绩同1928年阿姆斯特丹奥运会的冠军成绩是一样的，这让他对自己更加有信心。

1932年6月12日，上海《申报》刊登出一则全国震惊的消息：洛杉矶奥运筹备会接受伪满洲国的报名，伪满洲国已经决定派遣于希渭和刘长春两位选手，由日本人率领赴洛杉矶参加奥运会。刘长春得知这一消息后，马上在《大公报》发表声明，指出："我是中华民族炎黄子孙，是中国人，决不代表日伪满洲国参加第十届奥运会。"

时势所迫，为了维护我国的国际地位，当时的中华奥委会决定选派选手参加奥运会，粉碎日本人扶持伪满洲国取代中国政府地位的阴谋。当时奥运会报名在6月18日已经结束，我国奥委会急电要求通融报名，26日获筹备会答复同意。我国报名的两位选手正是刘长春和于希渭。

开创奥运新纪元

报名后，于希渭由于被日本人限制自由，无法离开东北，因此，我国第一次参加奥运会的就只有唯一一名选手刘长春。

赴美所需资费不菲，而当时教育部并未给予经费支援。幸好时任东北大学校长的张学良将军慷慨资助了8000银圆（约合1500美元）。7月1日，张学良在东北大学毕业典礼中宣布，刘长春为中华民国参加第十届奥运会的选手，宋君复担任教练。

7月6日至7日，上海新闻界、体育界及相关团体为刘长春饯行，有将近2000人出席，场面热烈。7月8日，刘长春及宋君复从上海搭乘邮轮出发前往洛杉矶，展开中国奥运首航。

邮轮经过神户时，邮报员送来一封电报，是日本体协预祝"满洲国"参加奥运会的代表一路顺风大获胜利的电文。刘长春生气地说："船上只有中华民国的代表，没有满洲国的代表。"并将电报退还。

经过海上23天的漂泊，刘长春终于代表4亿中国人站在了美国洛杉矶万人体育场100米起跑线上。虽然在这次奥运会上，刘长春参加的两个项目都未能晋级，但他代表中国向世界宣告：奥运会，中国人来了！

从奥运赛场回到祖国后，刘长春受到了国人的热烈欢迎，并继续在体育之路上奋进。1933年，刘长春在第五届全国运动会上，以10秒7和22秒的成绩，再创100米和200米两项全国纪录并获冠军，这个记录保持了长达25年之久才被打破。

1936年，刘长春再次代表中国参加第十一届奥运会，69人代表团经过27天的海上颠簸终于到达德国柏林，但由于身体恢复不及时，以致预赛便遭淘汰，不由得望洋兴叹"弱国无外交，弱国无体育"。

老人的遗愿

1983年，这位为祖国的体育事业奋斗了一生的老人因病去世。

刘长春的儿子在回忆父亲时曾说：当1981年中国女排夺得世界冠军时，父亲泪流满面，彻夜难眠。父亲的愿望有两个：一是中国人能在奥运会上夺得金奖，让中国的国旗、国歌通过奥林匹克的运动场传向全世界；二是中国有朝一日能举办奥运会。

刘长春的两项遗愿，在1984年及2008年时都得以实现。1984年，在他当年参加奥运的地方——洛杉矶，中国运动员斩获了第一枚奥运金牌；2008年，第二十九届夏季奥运会在北京主办！

李宁——体操王子

箴言

一切皆有可能。

李宁，生于1963年，中国退役体操运动员、著名企业家。壮族人，生于广西柳州。他创造了世界体操史上的神话，先后摘取14项世界冠军，赢得100多枚金牌，是中国单届奥运会上获得奖牌最多的运动员，有"中国第一代体操王子""中国体操天王"之称。退役之后，李宁勇投商海，创立了属于中国民族的体育品牌"李宁"。

■ 儿时：父亲忍痛送李宁学体操

李宁的父亲是位音乐老师，在李宁很小的时候，就培养他练琴、唱歌，那时的父亲，几乎倾注了全部的心血，希望李宁延续自己的音乐道路。

然而，上了小学后的一天，李宁爬上一个窗口，从此发现了他的"新大陆"。那是学校里的小体操队员们，正在老师的带领下练翻跟头。李宁一下子入了迷，他死缠着老师和父母，想要参加学校的课外体操小组。

李宁的父亲眼见自己认为在音乐上大有前途的孩子迷上了体操，不免有些伤感，但他开明大度，和儿子认真谈过之后，忍痛割爱，把李宁送进了学校的体操队。

从此这个天生喜欢拿大顶、翻跟头的小男孩开始了他的体操生涯。他不光在学校跟着老师苦练，回到家他还自觉"自修"——将活动床板取下来练翻腾，床架竖起来练抬腿。

■ 奥运赛场：洛杉矶奥运会一人夺三金

洛杉矶奥运会上，李宁并不轻松。男子体操团体赛中，尽管他和队友们表现都很出色，但还是以0.6分的微小差距输给了表现更为出色的美国队，只获得了银牌。而在单项决赛中，李宁是中国队第一个出场的选手，因为首先决赛的是自由体操。

体操王子李宁是2008年北京奥运会最后一棒火炬手，点燃奥运圣火

其实，在教练的指导下，天才的李宁不断有自己独创的高难度动作，他会把鞍马上的托马斯全旋移到自由体操中，而练鞍马时，他又把托马斯全旋改为托马斯平移。这些出其不意的移植和改动，使他的动作独具魅力。

在自由体操的比赛中，李宁做出了当时世界上少有的720度"旋"，接着就是潇洒自如的托马斯全旋，最后空翻两周落地，动作一气呵成。在场的4名裁判，不约而同都给了他10分的满分。接下来，李宁势不可挡，鞍马，他和美国的维德马尔一样获得了所有选手中的最高分；吊环，他又和日本名将具志坚辛司并列第一。李宁，成为中国第一个在奥运会上一人夺得3枚金牌的选手。

■ 14个世界冠军

在17年的体操生涯中，李宁一共获得了14个世界冠军，106枚国内外体操比赛金牌。

> 1982年 第六届世界杯体操锦标赛：
> 自由体操、鞍马、吊环、跳马、单杠
> 及个人全能冠军
> 1983年 第二十二届世界体操锦标赛：
> 男子团体赛冠军
> 1984年 洛杉矶奥运会：
> 自由体操、鞍马及吊环冠军
> 1985年 第二十三届世界体操锦标赛：
> 吊环冠军
> 1986年 第七届世界杯体操锦标赛：
> 个人全能、自由体操及鞍马冠军

李宁被很多体操业内人士视作技术最为全面的男子体操选手及所见到的最为完美的男子体操选手。国际体操联合会还将其独创的四个动作分别命名为"吊环李宁摆上""吊环李宁正吊""鞍马李宁交叉"和"双杠李宁大回环"。

1999年，李宁获评世界体育记者协会25位"20世纪最佳运动员"之一。2000年，李宁被列入国际体操名人堂，成为中国首位被列入国际体操名人堂的体操运动员。

■ 创业：与中国体育结缘

退役后，李宁一度不知该何去何从。最终在1990年初，注册成立了李宁体育用品有限公司，这也是中国第一家以运动员名字命名的体育用品公司。1992年巴塞罗那奥运会，"李宁"运动品牌被选为中国体育代表团专用领奖装备，从而结束了中国运动员在奥运会上穿着国外体育品牌服装的历史。经过10年的发展，"李宁"早已成为中国体育用品的第一品牌。现在，李宁领导着自己的公司正向着品牌国际化的目标阔步迈进。

▲ 李宁体育用品有限公司标识

姚明——中国的『篮球传奇』

中国家喻户晓的篮球运动员姚明

箴言

相信自己，年轻的自己不应平凡。

姚明，生于 1980 年，中国退役篮球运动员。生于上海，祖籍江苏苏州。曾效力于中国篮球职业联赛（CBA）上海大鲨鱼篮球俱乐部和美国篮球协会（NBA）休斯敦火箭。姚明是我国篮球史上里程碑式的人物，也是中国最具影响力的人物之一，同时是世界最知名的华人运动员之一。2004 年的雅典奥运会和 2008 年的北京奥运会上，姚明担任中国代表团旗手。2011 年 7 月 20 日，姚明正式宣布退役。

■ "努力不一定成功，但放弃一定失败！"

1980 年 9 月 12 日，姚明出生在上海。他的父母都是篮球运动员，父亲姚志源身高 2.08 米，曾效力于上海男篮；母亲方凤娣身高 1.88 米，是 20 世纪 70 年代中国女篮的主力队员。姚明的童年在上海康平路 95 号度过。在他 4 岁生日时，他得到了一个篮球作为他的生日礼物。从此他与篮球结下了不解之缘。

22 岁时，他被美国休斯敦火箭队选为状元秀，成为 NBA 历史上第一个在第一轮第一位被选中的外国球员。等待他的是巨大的压力和众多强大对手咄咄逼人的挑衅，太多的人想证明选择一个来自篮球第三世界国家且如此瘦弱的大男孩是一个错误的决定。

2002 年 10 月 23 日，姚明身披 11 号战袍，代表休斯敦火箭队第一次走上 NBA 赛场，出战印第安纳步行者队。姚明仅拿下两个篮板球和一次助攻，全场得分为零。前 NBA 巨星查尔斯·巴克利在做电视转播评论时，与另一评论员肯尼·史密斯打赌，认为姚明在新秀赛季的任何一场比赛中的得分都不会超过 19 分。2002 年 11 月 18 日，休斯敦火箭队客场挑战湖人队，这是姚明的第八场 NBA 比赛。在这场比赛中，姚明突发神威，拿下了 20 分和 6 个篮板球。姚明越战越勇，在 4 天以后迎战小牛队时，拿下了 30 分和 16 个篮板球。巴克利再也无话可说，

只好兑现自己的赌约，在观众面前表演了 NBA 有史以来最滑稽的一幕：亲吻驴子。

6 年间，在这个篮球的最高殿堂，姚明以 0 分 2 个篮板的尴尬开局，走到新秀赛季的平均 13.5 分 8.2 个篮板，再走到第六年的 22 分 10.8 个篮板 2 次盖帽；他从卧推 70 千克到卧推 150 千克；他从被所有人怀疑嘲讽打击的对象成为每位对手眼中无法阻挡的禁区怪兽；他从替补打上主力，拿到顶薪，成为 NBA 最强内线之一；他打破了黄种人无法在 NBA 站稳脚并打出名堂的亚洲魔咒，向世人证明了他的名言——努力不一定成功，但放弃一定失败！

民族英雄式的人物

在拒绝日本某国际汽车品牌 1.6 亿元代言费的代言之后，姚明被盛赞为"民族英雄式的人物"；2011 年，姚明以 2.29 亿元总收入蝉联中国名人榜首富；9 年来姚明 NBA 总收入累计超过 20 亿元。姚明的影响力波及整个华人圈，有媒体推测，他在全世界的球迷应达 15 亿以上；他也向美国公众亮出了中国人的诸多优点：幽默、善良、谦逊、坚韧、顽强……很多美国人因姚明而对汉语和中国文化产生浓厚兴趣，对中餐赞不绝口。

宣布退役

北京时间 2011 年 7 月 20 日下午 2 点，姚明在上海浦东召开"明谢"新闻发布会，这天他身着西装，打着领带，在演讲台上，向全世界亿万球迷们正式宣布退役。至此，这位中国篮球乃至亚洲篮球史上最伟大的球员的职业篮球生涯画上了句号。

姚明，这个身高 2.29 米的小巨人搭建了一座连接中西的桥梁，无论体育竞技还是文化心态都令双方更了然也更亲近；而他手中小小的篮球并非亚洲人最擅长的，他却紧握着它登上这项运动的至高点，为中国乃至亚洲球迷树立了一个难以逾越的榜样，是中国篮球史上里程碑式人物。

姚明是中国篮球史上里程碑式人物

刘翔——黄色闪电

▲ 中国飞人刘翔

箴言

没有对手就没有动力，我永远感谢对手。

刘翔，生于 1983 年，田径运动员。生于中国上海。他是中国田径史上里程碑式的人物，曾获 1 枚奥运会金牌、6 枚世锦赛奖牌和 3 枚亚运会金牌，是两次世界冠军，曾打破世界纪录，是 110 米栏史上第一位同时集奥运会冠军、世锦赛冠军、世界纪录于一身的选手，同时是中国全运会史上第一个三连冠田径选手，被称为"跨栏王"。

■ 起飞 110 米栏

2004 年 8 月 27 日，一道"黄色闪电"刺破雅典奥运会的红色跑道；一声"东方惊雷"惊塌了欧美百年的"黑色碉堡"。12 秒 91，打破世界纪录。110 米栏这个世袭王国在黄色闪电矫健的身影中就这样被彻底颠覆了。

刘翔雅典夺冠后，世界三大通讯社之一的路透社撰文写道："这是中国田径项目上的一座里程碑，是黄皮肤的亚洲人在奥运大赛上取得的最值得庆贺的胜利。"

雅典不是刘翔的终点，而是他顶峰的起点。2006 年 7 月 11 日，洛桑大奖赛，刘翔以 12 秒 88 的成绩破世界纪录，他在赛后坐在计时显示屏上的庆祝动作被人们解读为"中国 80 后的青春宣言"。2007 年 8 月 31 日，大阪世锦赛，刘翔以 12 秒 95 的成绩夺金。

■ 黄色闪电继续飞

在 2008 年北京奥运会 8 月 18 日上午 11 点举行的男子 110 米栏预赛第一轮第六组比赛中，刘翔由于右脚跟腱伤复发，遗憾地在首轮就退出了比赛。

但此后，在 2010 年的亚运会、2011 年的神户亚锦赛、大邱世锦赛等大赛上，刘翔都取得了不俗的成绩。2012 年 5 月 19 日，刘翔在国际田联钻石联赛上海站以 12 秒 97 获金牌。2012 年 6 月 3 日，他在国际田联钻石联赛尤金站 110 米栏比赛中以 12 秒 87 的成绩摘得冠军，以超风速在比赛中"称霸"美国尤金。2012 年 6 月，刘翔在世界 110 米栏比赛中再次夺冠，时隔五年重登榜首。

2012 年伦敦奥运会，人们期待黄色闪电继续飞翔，然而在预赛中，刘翔触栏摔倒，未能晋级。刘翔虽然在 2008 年和 2012 年的奥运会上都没能发挥出好的成绩，但是他为中国体育界创造了很多辉煌。